아픔을 딛고 미래로 향하는 나라

베트남 이야기

일러두기

1. 이 책의 인명, 지명 등의 베트남 어 한글 표기는 국립국어원 어문 규정 외래어 표기법 베트남 어 표기 원칙에 따랐습니다.
2. 원문을 확인할 수 없는 경우에는 〈베트남 들여다보기〉(한국외국어대 출판부)를 기준으로 표기하였습니다.
3. 이 책 속 사진 대부분은 김호석 선생님이 제공해 주셨습니다. 그 외의 사진을 제공해 주신 분들과 제공처는 따로 기재하였습니다.

세계 여러 나라 이야기

아픔을 딛고 미래로 향하는 나라

베트남 이야기

김현아 글 | 김고은 그림 | 김호석 사진

지은이의 말

여러분은 베트남이라고 하면 무엇이 떠오르나요?

쌀국수, 월남쌈, 아오자이, 메콩 델타 등등…….

대한민국 서울에서 대여섯 시간 정도 비행기를 타면 도착하는 베트남은 참 아름답고 풍요로운 자연을 가졌답니다. 눈이 시리도록 푸른 하늘과 일 년에 세 번 쌀을 수확할 수 있는 기름진 평야, 따뜻한 기후 속에서 무럭무럭 자라는 열대 과일들, 한국 사람 입맛에도 꼭 맞는 담백하고 상큼한 음식들이 있는 베트남은, 소박하지만 다정하고 친절한 사람들이 사는 나라예요. 그리고 이 글의 주인공인 별이네 외갓집인 나라이기도 하지요.

이 책을 읽을 정도의 어린이 독자라면 전 세계가 빠르게 하나의 공동 운명체가 되어 가고 있다는 것쯤은 눈치 채고 있겠지요. 교육, 일자리, 문화적 교류, 과학 기술의 이전 등이 국경을 빠르게 넘나들고 있어요. 어쩌면 어린이 여러분이 어른이 될 즈음에는 '국경'이 더 이상 의미가 없어질 지도 모릅니다. 한국 사람이라고 해서 한국에서만 살지 않아도 되고, 또 한국이라고 해서 한국 사람만 사는 곳도 아니게 될 것입니다. 지금도 벌써 그렇게 되어 가고 있다는 걸 조금만 눈을 크게 뜨고 둘러보면 금방 알게 될 거예요.

　서울의 혜화동에는 일요일마다 필리핀 시장이 열리고 있어요. 혜화동 성당에서 외국인들을 위한 미사가 끝나면 그 주변에 필리핀 음식과 간식, 과일 등을 파는 시장이 열리는 것이지요. 또, 안산에는 '국경 없는 마을'이 있어요. 주민의 70퍼센트가 외국인인 이 마을에는 동남아시아 사람, 중국 사람, 인도 사람 들이 모여 자국의 문화를 나누며 살고 있어요. 또, 요즘에는 다문화 가정도 많이 늘어서, 베트남이나 필리핀, 일본, 중국, 캄보디아가 외갓집인 친구들이 차츰 늘어가고 있습니다. 아마 이 글을 읽는 어린 친구들 가운데에도 방학 때 외갓집에 놀러 가기 위해 해외로 나가는 비행기를 타는 친구들도 있을지 모르지요.

　국적이 다른 부모를 둔 친구들은 나중에 훌륭한 문화 번역자가 될 소질이 있어요. 양쪽의 언어와 문화를 동시에 배울 수 있으니, 어쩌면 전지구화 시대에 아주 훌륭한 교육 환경을 가진 셈이니까요. 태어나면서부터 서로 다른 문화 사이를 오가며 크는

 친구들이야말로 다양한 문화를 번역하고 해석하는 사람이 되겠지요.

  이 책은 엄마가 베트남 사람이고 아빠가 한국 사람인 별이가 외갓집인 베트남을 방문하는 이야기입니다. 한국에서 나고 한국에서 자라 외갓집에 대해서는 하나도 모르는 별이였지만, 사촌 오빠 히엔의 안내로 베트남의 곳곳을 다니며 베트남의 역사와 문화를 알아 가게 되지요. 그리고 그 과정을 통해 엄마를 이해하고 또 동시에 자신을 이해하게도 되지요.

  '나'를 이해하기 위해선 한국도 알아야 하지만 베트남도 알아야 하는 것이 베트남 사람을 엄마로 둔 별이가 해야 할 일입니다. 또, 별이를 친구로 둔 우리가 함께 해야 할 일이기도 할 것입니다. 한국과 베트남의 문화를 동시에 경험하며 성장해 갈 별이는 언젠가 한국과 베트남을 잇는 훌륭한 다리가 되겠지요.

  사실 베트남은 아직 한국에 잘 알려지지 않은 나라입니다. 하지만 베트남과 한국 사이에는 의외로 많은 인연이 있습니다. 그 가운데에는 좋은 인연도 있었지만, 슬픈 인연도 있었습니다.

해양과 대륙에 접해 있는 반도국인 탓에 많은 이민족의 침입을 받았던 베트남은 오랫동안 계속된 전쟁으로 고통받았던 역사가 있습니다. 그리고 그 베트남이 치렀던 많은 전쟁 가운데에는 한국이 참여해서 잉태되었던 비극도 있습니다.

이 책을 읽고 나면 우리 어린 친구들은 생각도 못 했던 두 나라의 인연에 깜짝 놀랄지도 모릅니다. 어쩌면 마음 한구석에 불편한 감정이 생길지도 모르지요. 하지만 두 나라 사이에서 무슨 일이 일어났는지 잘 알아보고 생각해 봐야 합니다. 그래야 그런 슬픈 역사가 되풀이되지 않을 테니까요.

자, 이제 별이와 함께 베트남으로 여행을 떠나 봅시다. 우리가 몰랐던 많은 숨겨진 이야기들을 만나게 될 거예요.

김현아

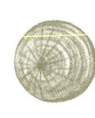

차례

저자의 말 4

1 신 짜오, 베트남

그리운 히엔에게 12
역동하는 나라 베트남 16
일 년에 세 번 쌀을 수확하는 나라 30
한국의 것과 닮은 명절과 풍습 들 60
베트남의 시조는 락 롱 꿘과 어우 꺼 70

2 단결과 저항의 역사

베트남 첫 독립의 주역 쯩 자매 이야기 88
나라를 구한 영웅들 98
프랑스 식민 시대 110
우리의 영원한 호 아저씨 126

3

거인을 물리치고 미래로 향하는 베트남

세계 최강대국 미국과의 전쟁 152
한국에 대한 아픈 기억 170
베트남 속의 한국, 한국 속의 베트남 180

1
신 짜오, 베트남

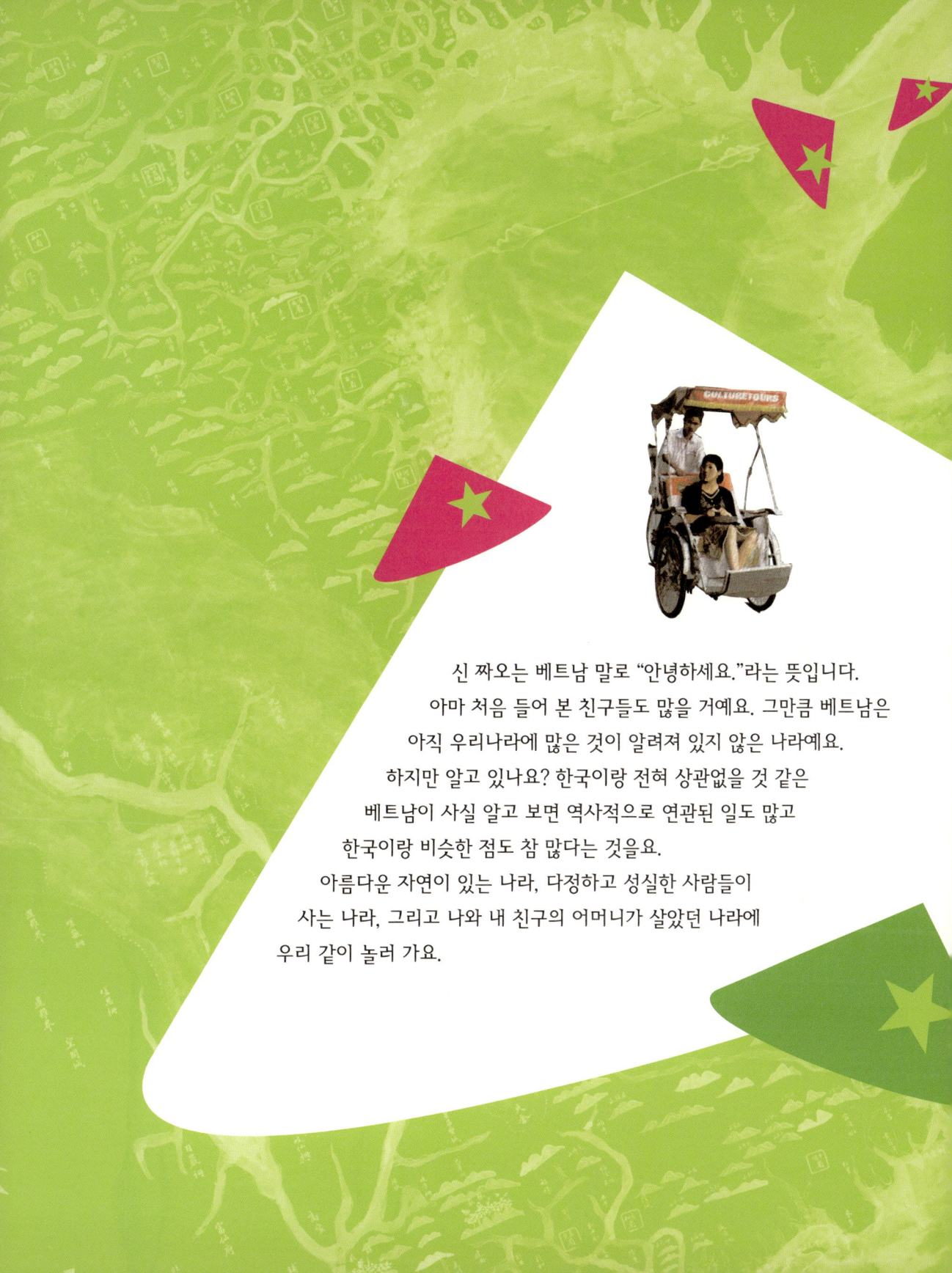

신 짜오는 베트남 말로 "안녕하세요."라는 뜻입니다.
아마 처음 들어 본 친구들도 많을 거예요. 그만큼 베트남은
아직 우리나라에 많은 것이 알려져 있지 않은 나라예요.
하지만 알고 있나요? 한국이랑 전혀 상관없을 것 같은
베트남이 사실 알고 보면 역사적으로 연관된 일도 많고
한국이랑 비슷한 점도 참 많다는 것을요.
아름다운 자연이 있는 나라, 다정하고 성실한 사람들이
사는 나라, 그리고 나와 내 친구의 어머니가 살았던 나라에
우리 같이 놀러 가요.

그리운 히엔에게

히엔, 잘 지내고 있니?

이곳엔 지금 눈이 내리고 있단다. 하늘에서 하얀 눈송이가 바람에 실려 포슬포슬 내려오는 건 언제 봐도 신기하고 낯설구나. 우리 히엔은 눈을 본 적이 한 번도 없지. 언젠가 이모가 사는 한국에 와서 같이 눈사람도 만들고 눈싸움도 하는 날이 왔으면 좋겠구나.

이모가 한국 사람과 결혼해서 이곳으로 온 지도 벌써 10년이 넘었어. 그때 히엔은 아장아장 걸어 다녔는데, 어느새 곧 중학생이 된다니 믿어지지 않는다. 언니가 보내 준 사진을 보고 깜짝 놀랐지. 이렇게 의젓하게 잘 자라다니, 이모는 히엔이 자랑스러워.

　한국 생활에 익숙해지긴 했지만 이모는 여전히 베트남이 그립단다. 집 앞의 까우 나무, 떡과 소시지를 바나나 잎에 싸서 들고 다니며 먹던 반 저이, 초록색 땅콩 밭, 수로의 오리 떼, 느억 맘 냄새, 달콤한 쫌 쫌의 맛……. 베트남에 살 땐 너무나 당연해서 소중한 줄 몰랐던 그 모든 게 늘 그립단다. 엄마와 아빠, 언니를 꿈속에서 만나는 날이면 꿈에서도 눈물이 나지. 가까이 있을 땐 몰랐는데, 멀리 있으니 이토록 그립구나. 물론 히엔도 정말 그립단다.

　히엔, 오늘 이렇게 이모가 편지를 쓰는 것은 히엔에게 부탁하고 싶은 게 있어서야. 이번 방학에 별이를 베트남에 보내려고 해. 그래, 네가 사진으로만 본 내 딸 말이야. 너에게는 사촌이 되지. 이제 내년이면 초등학교 4학년이 되는데 요즘 이모는 별이를 보면 조금 걱정이 돼. 아빠가 한국인이긴 해도 엄연히 엄마가 베트남 사람인데, 한국에서 태어나 한국에서만 살다 보니 베트남에 대해선 아는 게 거의 없거든.

　이모는 별이가 한국의 아이지만 베트남의 아이라고도 생각하는데 별이는 베트남에 대해선 아무 관심이 없단다. 이모가 틈나는 대로 베트남 말을 가르치고 있지만, 어떻게든 요리조리 빠져나갈 생각만 해. 그리고 별이 아빠, 그러니까 네 이모부도 영어만 잘하면 된다고 생각해서 베트남 말을 배우는 건 별로 중요하게 생각을 안 해. 하지

만 나는 별이가 베트남 말을 잘했으면 좋겠어. 그래서 외할머니, 외할아버지를 만나서 이야기도 나누고 이모랑 외삼촌들, 히엔을 비롯한 다른 사촌들과 수다도 떨 수 있으면 좋겠어. 베트남 말을 잘하면 나중에 베트남과 관련된 일을 할 수 있을지도 모르잖아. 그렇지만 이 모든 것이 별이에게는 관심 없는 일이야. 별이가 가장 관심 있는 건 컴퓨터 게임과 예쁘고 멋진 언니 오빠 가수들이지.

히엔, 별이가 어렸을 때 엄마도 한국 사람이었으면 좋겠다는 말을 한 적이 있어. 그때 나는 아주 속상했단다. 그리고 생각했지. 별이가 베트남을 잘 몰라서 그런 거라고 말이야. 별이가 베트남을 잘 알게 되면 엄마가 베트남 사람인 게 좋아질 거라고 생각해.

얼마 전 별이가 다니는 학교에 '하루 선생님'으로 갔다 오면서 그런 생각이 더욱 굳어졌단다. 별이가 다니는 학교는 대부분이 한국 학생들이지만 별이처럼 엄마가 외국인인 아이들, 그러니까 캄보디아, 우즈베키스탄, 필리핀 같은 나라가 외갓집인 아이들도 꽤 많단다. 그래서 학교에서 '아시아 엄마들'에게 '하루 선생님'이 되어 아시아 나라들에 대해 수업을 해 달라고 부탁을 했어. 난 당연히 베트남에 대해 가르쳤지. 짜 조를 만들어 주고 베트남 노래를 같이 불렀단다. 별이는 친구들이 짜 조를 맛있게 먹는 걸 보더니, 반 짱이 외갓집에서 보내온 거라며 약간 우쭐대더구나. 별이가 자기 입으로 외갓집이 베트남인 걸 말한 건 그때가 처음이었던 거 같아. 나는 그 모습을 보면서 별이가 베트남을 좀 더 잘 알게 되면 지금보다 훨씬 더 자신에 대해 당당할 거라고 생각했단다.

　그래서 이번 방학에 별이를 베트남에 보내려고 해. 내가 같이 갔으면 좋겠지만 별이 할머니가 편찮으시고, 별이 동생인 달이와 솔이가 너무 어려서 아직은 움직이기가 힘이 들어. 그러니 히엔이 별이를 데리고 다니면서 베트남을 좀 보여 주었으면 해. 히엔은 이제 곧 중학생이 되니 조국에 대해서 잘 설명해 줄 수 있겠지. 별이가 베트남 말을 조금은 하니까 쉬운 말로 이야기하면 알아들을 거야.

　또 하나 부탁은 별이가 베트남엘 간다니까 친구들이 같이 가고 싶어 하기에 허락했단다. 친구들에게 별이의 외갓집을 보여 주는 것도 좋을 것 같아서. 그러니 한국 친구들에게도 베트남에 대해 잘 알려 주렴. 해 주는 것도 없으면서 부탁만 하는구나. 그래도 이모는 히엔을 믿어. 내가 늘 고마워하는 것 알고 있지?

　히엔, 늘 건강하게 잘 자라길 멀리 서라도 빌게. 외할머니, 외할아버지, 엄마, 아빠, 그리고 형과 누나에게도 안부를 전해 주렴.

　　한국에서 사랑하는 이모가.

역동하는 나라 베트남

신 짜오 별이, 신 짜오 한국 친구들.

베트남에 온 걸 환영해. 비행기로 다섯 시간이 걸렸지? 만나서 반가워. 나는 쩐 반 히엔, 별이의 사촌오빠야. 쩐은 성, 반은 가운데 이름, 히엔이 마지막 이름이야. 한국에서도 성을 먼저 쓰고 이름을 나중에 쓴다며? 다른 점이 있다면 우리에게는 '가운데 이름'이 있다는 거지. 베트남 사람들은 서로를 부를 때 성이 아니라 맨 마지막 이름을 불러. 그러니까 나를 부를 때 그냥 히엔이라고 부르면 돼. 아, 내가 오빠니까 '안 히엔'이라고 부르면 돼. '안'이 베트남 말로 오빠라는 뜻이거든.

말 나온 김에 베트남 사람들 이름에 대해 알려 줄까? 여자들은 가운데 이름에 '티'라는 글자가 들어가곤 해. 응웬 티 니, 보 티 사우, 레 티 샴…… 이런 식으로. 한국도 여자 이름에만 붙이는 글자가 있니? 숙 또는 희? 오호, 그러니까 은숙, 경숙, 미숙 혹은 연희, 진희, 정희 같은 이름들이 여자 이름이구나. 정말 귀여운 이름이네. 그런데 요즘엔 이런 걸 잘 안 따르기도 해서 여자들 이름에도 '티'를 안 쓰는 경우가 많아.

참, 외할머니가 너 도착하자마자 바로 데려오라고 그러셨는데, 내 소개에 시간을 엄청 잡아먹었네. 얼른 서두르자. 얼마나 기다리시는지 몰라.

 역동하는 나라 베트남

오토바이, 저 거대한 물결

응? 왜 그렇게 놀라니? 아아, 오토바이들이 정말 많다고? 그래, 맞아. 처음 베트남에 오는 사람들은 오토바이의 거대한 물결에 깜짝 놀란단다. 하긴 호찌민 같은 대도시에서는 출퇴근 시간이면 오토바이들로 거리가 완전히 꽉 차. 그도 그럴 것이 오토바이는 '베트남 사람들의 발'이나 다름없거든.

저 많은 오토바이들이 도대체 몇 대나 되느냐고? 베트남 사람 6명 중에 1대 꼴로 오토바이가 있다니, 베트남 인구를 6으로 나누어 보면 되겠지. 어른들은 거의 한 대씩 갖고 있다고 봐도 될 정도야. 우리 집에도 오토바이가 두 대야. 한 대는 아버지 것, 다른 한 대는 어머니

차도를 꽉 메운 베트남의 오토바이들

것. 누나나 형은 지금 자전거를 타지만 대학에 들어가거나 취직을 하면 또 오토바이를 사겠지. 나도 가끔 엄마의 오토바이 뒷 좌석에 앉아 학교에 가. 좁은 도로에서 승용차가 꼼짝도 하지 못하고 서 있을 때도 오토바이는 날쌘 돌이처럼 빠져나갈 수 있거든.

마스크와 모자, 긴팔 옷 등으로 햇볕을 막는다.

시내버스나 지하철은 없냐고? 시내에서 외곽 지역으로 운행하는 버스가 있긴 하지만 아주 드물고 시민들도 잘 이용하지 않기 때문에 구경하기가 힘들어. 지하철은 없어. 대신에 '쌔옴'이라는 오토바이 택시가 있어. 오토바이인데 택시처럼 사람들을 목적지까지 데려다 주는 거야. 쌔옴은 베트남 사람들의 발이나 마찬가지야. 하지만 덕분에 매연도 장난이 아니야. 시커먼 연기를 내뿜으며 질주하는 택시 오토바이가 많거든. 음, 저 누나들은 왜 마스크를 쓰고 오토바이를 타냐고? 오토바이를 운전하는 사람들 중에서 누나들은 대부분 마스크와 긴 장갑(토시)을 꼭 착용해. 마스크는 매연을, 토시는 팔이 그을리는 것을 막아 주지. 여기는 햇볕이 강렬해서 그냥 다니면 피부가 금세 새까맣게 타 버리거든.

역동하는 나라 베트남

관광객을 태우고 질주하는 시클로. 앞에 두 바퀴, 뒤에 한 바퀴가 달려 있다.

아참, 그러고 보니 관광객들이 많이 타는 것도 있어. 시클로라고 해. 손님을 앞좌석에 태우고 자전거 페달로 달리는 인력거이지. 좌석 앞에 거치는 것이 없기 때문에 시야가 확 트이고 시원한 바람이 불어와 상쾌하긴 하지만 호찌민이나 하노이 같은 대도시에서는 매연 때문에 그다지 상쾌한 편은 아니야. 하지만 한적한 도시에서 시클로를 타면 아주 기분이 좋아.

외국 사람들은 종종 오토바이의 거대한 물결을 보고 베트남의 역동성을 느낀다고도 하는데, 한편으로는 매연과 소음을 걱정하는 사람들도 많아. 특히 호찌민 시의 복잡한 도로는 베트남 사람들이 아니면 운전하기가 힘들다고 해.

베트남의 마을은 땅 위뿐 아니라 물 위에도 있어

자, 버스도 타고 자리를 잡고 앉았으니 지금부터는 뭐 궁금한 게 있으면 물어봐도 돼. 베트남 집들은 좁고 길쭉하다고? 응, 도시의 집들은 거의 대부분 폭이 좁고 앞뒤로 긴 직사각형 모양을 하고 있어. 그리고 겉모습은 프랑스식으로 좁고 긴 창과 테라스가 달려 있곤 해. 왜 이런 모양이냐고? 베트남은 19세기 초반에 프랑스의 식민지가 되어서 약 100여 년 정도 지배를 당했단다. 그래서 베트남에는 프랑스식 문화가 많이 남아 있어. 그 가운데 하나가 집의 모양이야. 사회주의 국가인 베트남에서는 국민들에게 좁고 길쭉한 형태로 같은 면적의 땅을 평등하게 배분했는데, 베트남 사람들은 그 땅에 프랑스식의 치장을 한 건물들을 세웠지.

도시의 집들은 보통 3층 이상인데 주로 1층엔 거실과 식당이 있고, 2층과 3층에 침실이 있어. 그리고 층마다 테라스가 있는데 이런 요소들이 바로 프랑스에게서 받은 영향의 흔적들이야. 도

프랑스식 주택 유형을 닮은 베트남 도시의 주택

 역동하는 나라 베트남

수상 가옥과 쪽배를 탄 사람들. 강과 바다가 많은 베트남에서는 수상 가옥이 발달해 있다.

시에서는 집들이 이렇게 촘촘히 붙어 있지만 시골은 또 달라. 외할머니 댁은 앞뒤로 마당이 있는 단층집이란다.

아, 그리고 베트남엔 수상 마을도 있어. 큰 배나 뗏목 위에 집을 짓고 사는 사람들이 모여 사는 마을을 수상 마을이라고 불러. 국토의 절반이 바다로 둘러싸여 있고 강이 많은 까닭에 베트남엔 옛날부터 수상 마을이 발달했어. 수상 마을 사람들은 주로 어업이나 수상 운송업에 종사하는데, 우리는 이런 마을들을 '반(어촌) 마을' 혹은 '짜이(그물) 마을'이라고 불러. 수상 마을에는 학교도 물 위에 있고 가게도 물 위에 있단다.

그리고 소수 민족 마을의 집들은 또 달라. 베트남엔 54개의 소수 민족들이 살고 있는데, 제각기 다른 모양의 집을 짓고 살고 있지. 베트

베트남 산간 지방에 터전을 잡은 한 소수 민족의 전통 가옥

남의 집들이 몹시 다양하지?

그런데 소수 민족이 뭐냐고? 흠, 이야기가 좀 긴데. 아, 맞아! 이번 주 사회 시간에 소수 민족에 관한 수업이 있는데 같이 가서 들으면 되겠다. 우리 선생님도 너희들이 오는 걸 알고 계시거든. 오늘 너희들 마중 나오느라고 조퇴하면서 한국에서 사촌과 친구들이 온다고 했더니, 학교에도 한번 데려오라고 말씀하셨어. 소수 민족에 대한 수업이 있는 날 가서 공부도 하고 내 친구들하고 인사도 하면, 오호, 일석이조, 한국식으로 말하면 꿩 먹고 알 먹고일세.

그러고 보니 이제 하교 시간인가 보다. 학교에서 돌아오는 친구들 모습이 많이 보이네.

역동하는 나라 베트남

베트남의 대표 의상 아오자이

저 흰 옷 입은 사람들이 누구냐고? 누구긴 누구야, 고등학생 누나들이지. 저 흰 옷은 아오자이인데, 고등학생 누나들이 교복으로 많이 입어.

한국을 대표하는 전통 옷이 한복이라면서? 이모가 한복을 입고 사진을 찍어 보내 주어서 내가 알고 있지. 베트남을 대표하는 옷은 아오자이야. '아오자이'란 원래 긴 옷이란 뜻이야. '아오'는 옷(衣)을 뜻하고, '자이'는 길다(長)를 뜻하는데, 이 둘이 합쳐져서 아오자이가 된 거지. 바지 위로 긴 윗도리를 겹쳐 입으니까 그렇게 불렀던 거 같아.

아오자이 교복을 입고 학교에 가는 여학생들

한복이 조선 시대의 옷이었다가 전통 의상의 대명사가 된 것처럼, 아오자이도 18세기가 되면서 베트남 사람들이 다 같이 입는 옷이 돼. 요즘에도 즐겨 입는 옷이어서, 명절이나 결혼식, 졸업식 같은 중요한 행사가 있을 때마다 여자들은 다 아오자이를 입어. 남자들도 전통 의상이 있기는 하지만 대부분 양복을 입는 편이야.

아오자이는 교복으로도 입고 항공사나 은행 같은 데에서 유니폼으로 입기도 해. 비행기를 타고 오면서 승무원 언니들이 입고 있는 것을 보았다고? 그래, 그만큼 베트남을 대표하는 옷이 아오자이인 거야. 참, 우리 엄마가 너 오면 아오자이 한 벌 만들어 준다고 천을 끊어다 놓았단다. 노란 매화가 수놓인 예쁜 천인데 너한테 잘

예복으로 아오자이를 입은 신부와 양복을 입은 신랑

옷가게에 진열된 여러 가지 색상의 아오자이 ⓒ정태희

역동하는 나라 베트남

베트남 곳곳에서 논을 쓴 사람들을 볼 수 있다.

어울릴 거 같아.

말이 난 김에 베트남 사람들의 복장에 대해 더 얘기해 줄게. 베트남 사람들이 즐겨 쓰는 저 삿갓 모자는 '논'이라고 불러. 베트남 사람들의 복장에서 빠질 수 없지. 아마 베트남의 기념품 가게에서 가장 흔하게 볼 수 있는 상품일 거야.

논은 정말 쓸모가 많아. 그냥 햇볕을 막아 주는 용도가 아니냐고?

물론 그렇지. 창이 넓기 때문에 햇볕을 가리기에 안성맞춤이어서, 얼굴이나 목덜미가 검게 그을리는 것을 막을 수 있으니까. 하지만 그뿐만이 아니야. 비가 오는 날에는 우산 역할도 해. 옛날 할머니들은 논에 물과 음식을 담아 먹기도 하고 또 더울 때는 부채로 슬렁슬렁 부치기도 했대. 성냥을 켤 때면 바람을 막는 역할도 하니, 베트남 사람들에겐 정말 유용한 모자야.

옛날에는 종류도 아주 다양해서 논의 모양을 가지고 계급과 성별을 구분하기도 했어. 일반 사람들이 파인애플 잎으로 짠 논을 썼다면 관리들이나 부자들은 새나 거위의 깃털로 만든 논을 썼다는 거지. 지금은 주로 대나무 잎으로 만들어.

논은 베트남의 뜨거운 햇빛을 가려 주는 아주 지혜로운 모자야. 나중에 한국 갈 때 하나 가져가서 여름에 쓰고 다녀 보렴. 진짜 논의 고마움을 알게 될 거야.

엄마, 잘 지내시죠?

저는 베트남에 무사히 도착했어요. 히엔 오빠가 마중을 나왔는데, 모든 것이 낯설기만 한 곳에서 오빠를 만나니 몹시 반가웠어요. 그런데요, 오빠와 함께 공항에서 나가는 순간 깜짝 놀랐어요. 뜨거운 열기가 땅에서부터 올라오고 공기도 텁텁한 것이, 한국의 여름도 덥지만 여긴 좀 더 다른 거 같아요. 숨이 턱 막혔다니까요.

공항에서 시내로 들어가는 길엔 나무가 참 많았어요. 보랏빛 방울 모양으로 꽃이 피어나는 나무는 자카란다래요. 향이 아주 좋다고 오빠가 말해 주었어요. 붉은 꽃이 와하하하 웃으면서 피어나는 저 나무는 부겐빌레아래요. 그리고 길거리마다 송이째 뚝뚝 떨어진 꽃송이들이 있는데, 얼마나 예쁜지 사람들이 모자에도 꽂고 머리에도 달고 다녀요. 이 꽃나무의 이름은 플루메리아래요.

대부분의 나무들이 낮은 키에 옆으로 넓게 그늘을 만들고 있어요. 더우니까 그늘을 만들어 주려고 하는 거겠지요. 그 나무들 사이로 정말 많은 가게들이 줄지어 있네요.

재밌는 건 길거리 이발소예요. 벽에 거울을 달아 놓고 손님이 오면

의자에 앉혀 놓고, 즉석에서 이발을 해 줘요. 그리고 길거리 체중계 가게도 있어요. 사람들이 체중계에 올라서면 수치를 알려 주고 돈을 받아요. 나무 그늘에 앉아 쌀국수를 먹는 사람도 많아요. 엄마도 옛날에 저런 체중계로 몸무게를 달았을까요? 그리고 길거리에서 목욕탕 의자에 앉아 쌀국수를 먹었는지도 궁금해요.

히엔 오빠는 친절하고 다정해요. 그럼 다시 편지 보낼게요.

지금 막 공항에 도착한 별이 올림.

일 년에 세 번 쌀을 수확하는 나라

외할머니, 별이가 왔어요. 한국에서 별이가 왔어요.

외삼촌, 이모, 이모부, 사촌들 다 모였네요. 별이가 정말 귀한 손님이 맞긴 맞네요. 이렇게 온 집안 식구가 다 오신 걸 보면요. 아이 참, 외할머니, 왜 우세요. 그렇게 보고 싶어 하던 별이가 왔는데요.

와, 이 많은 음식들은 뭐예요? 별이가 온다고 만든 거군요. 비 꾸언(라이스페이퍼에 야채와 고기를 넣고 싼 것), 반 고이(고기와 야채를 넣고 튀긴 파이), 깐 쭈아 쯩(새콤달콤하면서 약간 매콤한 베트남식 스프), 반 세오(쌀가루와 녹두 가루를 반죽해 얇게 부쳐 야채와 고기를 싼 베트남식 부침개), 싸오 한 넘(야채와 새우 볶음 요리)……. 와, 별이 덕분에 나도 포식하겠어요. 별아, 그리고 별이 친구들, 많이 먹어.

정성스럽게 차려진 베트남식 밥상. 차를 곁들여 먹는다.

　우리의 주식은 '껌'이야. 아니, 그 씹는 껌이 아니라, '밥'이라는 말이야. 밥이 베트남 말로 껌이거든. 그리고 쌀국수를 '퍼'라고 해. 베트남은 주식으로 먹는 밥, 국수, 반 짱(쌀가루로 만든 얇은 피) 같은 주요 음식들의 재료가 다 쌀이야. 베트남은 세계 2위의 쌀 수출국이기도 하단다, 에헴.

　베트남에 웬 쌀이 그리 많으냐고? 그건 베트남의 지형과 기후 조건 때문이야. 베트남에는 북쪽의 홍 강, 남쪽 끝의 메콩 강이라는 두 개의 큰 강이 전 국토를 통과해서 바다로 흘러들어 가거든. 이 두 개

일 년에 세 번 쌀을 수확하는 나라

북쪽의 홍 강과 남쪽의 메콩 강, 이 두 강의 하류는 기름진 평야 지대를 이루고 있다.

하늘에서 내려다본 메콩 강과 메콩 델타의 모습

의 큰 강이 베트남 영토를 통과하면서 아홉 개의 지류로 갈라지기 때문에 구룡강이라고도 부르지. 그리고 그 강 하류에는 델타라고 하는 드넓은 평야 지대가 펼쳐져 있어.

홍 강의 것을 홍하 델타, 메콩 강의 것을 메콩 델타라고 해. 베트남은 비가 집중적으로 쏟아지는 우기와, 비가 거의 오지 않는 건기가 있어. 비가 많이 내리다 보면 홍수가 나서 강이 범람을 하지. 거친 물살 때문에 상류층의 흙 등이 떠밀려 내려와 강 하구에 쌓이기 시작해. 오랜 세월이 흐르면서 하류에 기름진 퇴적물이 쌓인 평야 지대가 생기는데, 이게 바로 델타(삼각주)야. 홍하 델타 지역에서는 1년에 이모작이, 메콩 델타를 비롯한 중남부 지방에서는 삼모작이 가능해.

일 년에 세 번 쌀을 수확하는 나라

풍요로운 베트남의 농촌 풍경. 기후가 덥고 비가 많이 내리는 베트남에서는 삼모작이 가능하다.

그러니까 한국에서는 봄에 모를 심고 가을이면 추수를 한 다음 겨울에 쉬잖아. 그런데 베트남에서는 날씨가 따뜻하니까 벼를 거둔 그 자리에 또 모를 심을 수 있어. 그렇게 해서 1년에 2번 모를 심는 것을 이모작, 3번 모를 심는 것을 삼모작이라고 해.

기름진 평야가 있고, 기온도 높고, 강수량도 풍부해 두 번 세 번 농사를 지을 수 있다면 쌀이 많이 생산되는 건 당연한 일이겠지? 홍 강과 메콩 강 델타의 풍요로움은 베트남을 세계 2위의 쌀 수출국으로 끌어올렸어. 특히 메콩 델타는 1년 내내 벼를 재배할 수 있는 유일한 지역으로, 베트남 쌀의 60퍼센트가 이곳에서 수확되지. 이렇게 쌀농사가 잘되니, 베트남 사람들이 쌀을 주식으로 삼을 수밖에 없겠지?

베트남은 평야도 많지만, 나라의 반이 바다와 접하고 강도 많아서 어업 또한 발달했어. 베트남 사람들은 바다와 강에서 건져 올린 해산물로 반찬과 양념을 만들어 먹었지. 그 양념 중에 가장 으뜸이 바로 '느억 맘'이야. 베트남에서는 요리의 필수 재료란다. 이게 뭐냐면, 바로 젓갈의 일종이라고 할 수 있지. 한국에서도 해산물을 소금에 절여 나온 액젓을 먹잖아? 베트남에서도 작은 물고기를 소금에 절여 항아리에 차곡차곡 담아 두지. 그리고 1, 2년이 지난 뒤에 항아리 아래쪽 구멍을 열면 투명한 물이 나와. 이게 바로 느억 맘이야. 베트남 사람들은 웬만한 요리엔 이 느억 맘을 넣지. 또, 느억 맘에 설탕, 고추, 식초 등을 넣어 만든 소스를 '느억 짬'이라고 하는데, 이건 요리를 찍어 먹는 용도로 많이 쓰여.

자, 이 고이 꾸온을 한번 찍어 먹어 보렴. 응? 한국에선 이걸 다르게 불러? 라이스페이퍼를 물에 살짝 불려서 새우나 고기, 야채를 넣고 둘둘 싸서 소스에 찍어 먹는 걸 '월남

강에서 금방 잡아들인 물고기들

슈퍼마켓에서 팔고 있는 느억 맘

베트남 사람들이 즐겨 먹는 고이 꾸온

일 년에 세 번 쌀을 수확하는 나라

반 짱을 만드는 모습

고이 꾸온을 튀기면 맛있는 짜 조가 된다. 한국에서는 스프링 롤, 춘권이라는 이름으로 널리 알려져 있다.

한국에서도 인기를 끌고 있는 베트남식 쌀국수

쌈'이라고 한다고?

하하, 라이스페이퍼는 베트남 어로 반 짱이라고 불러. 쌀가루를 물에 넣고 걸쭉하게 끓여 낸 뒤에 그 쌀물을 종이처럼 얇게 펴 햇볕에 말려서 만들지. 집집마다 반 짱을 많이 만들어 둬. 여러 가지 요리에 요긴하게 쓰이거든. 이 반 짱에 고기, 야채 양념한 것을 싸서 한 입에 들어갈 크기로 만들어 기름에 바싹 튀기면 맛있는 짜 조가 돼. 짜 조도 베트남의 대표적인 음식이야. 그래, 지금 네가 먹고 있는 것이 바로 짜 조야.

아침이나 간단한 요기를 할 때는 쌀국수도 많이 먹어. 베트남 말로는 '퍼'라고 해서, 소고기를 넣으면 '퍼 보', 닭고기를 넣으면 '퍼 가'라고 하지. 길거리에서도 많이 팔아.

또, 좀 더 간단한 식사로는 내가 아침에 학교 갈 때 길에서 사 먹는 반 미라는 빵이 있어. 반 미는 바게트 빵과 비슷한데 빵 가운데를 잘라서 달걀 프라이를 넣거나 말린 돼지고기, 야채를 넣어서 먹어. 베트남 아이들 대부분이 이걸로 아침을 먹는 경우가 많아.

　베트남 사람들은 밥을 먹은 후에는 꼭 차를 마셔. 차 마시는 일은 매우 중요해. 베트남 사람들의 하루는 차 마시는 일에서 시작된다고 할 수 있어. 아침에 일어나면 엄마들은 찻물을 끓여 보온병에 담고 차를 마실 주전자와 컵을 씻고 정돈하면서 하루를 시작해. 베트남 사람들은 이야기를 나누면서 여러 잔의 차를 마시지.

　저 어른들이 씹고 있는 건 쩌우라는 것이야. 베트남에서는 오래전부터 쩌우를 씹는 풍속이 있어. 쩌우 나뭇잎에 까우 열매와 석회 가루, 약간의 쓴맛이 나는 나무뿌리 껍질을 싸서 씹는 거야. 이때 약간의 향기로움과 매콤한 맛이 나기 때문에 입 속의 냄새가 없어지고 입술과 얼굴이 붉어지지. 예전에 어른들은 양치질 대신 쩌우를 씹었다고 해. 특히 결혼식을 할 때는 빼놓을 수 없는 예물로도 취급돼. 왜냐고? 이유를 알려면 쩌우까우에 얽힌 이야기를 먼저 들어 봐야 해.

빵 사이에 야채와 고기를 넣은 반 미

프랑스 식민지 시대에 많은 커피 농장이 생기면서 차 외에도 커피를 많이 마신다. 연유를 넣어 독특한 맛이 유명한 베트남식 커피.

쩌우 나뭇잎에 싼 까우 열매 ⓒ 류지현

옛날 옛날, 흥 브엉 시대(기원전 287~258년)에 까오라는 성을 가진 관리가 있었대. 그에게는 떤과 랑이라는 잘생긴 두 아들이 있었는데 마치 쌍둥이처럼 닮았다지. 그런데 형제가 예닐곱 살이 되었을 때 부모가 세상을 떠나고 말아. 형제는 서로 의지하며 사이좋게 살았지.

세월이 흘러 형제는 르우라는 성을 가진 학자에게 가서 공부를 하였어. 스승에게는 열아홉 살 난 딸이 있었어. 딸은 착하고 잘생긴 형제를 사랑하게 되었어. 생김새가 너무 비슷했기 때문에 형제를 구분하기가 힘들었던 딸은 죽 한 그릇을 주어 누가 먼저 먹는가를 보고 형제를 구분하기로 했어. 아무래도 연장자가 먼저 음식을 먹을 테니까. 떤이 형임을 분간한 딸은 부모에게 말씀드려 형과 결혼하게 되었어.

떤과 결혼한 아가씨는 시동생 랑과 함께 한집에서 살게 되었지. 그러던 어느 날, 형제가 밭에 갔다가 밤 늦게 돌아왔는데 랑이 먼저 집에 도착했고, 마중 나온 형수는 깜깜한 밤이라 동생을 형으로 착각해서 동생을 껴안았어.

그때 형이 막 집에 돌아와 이 모습을 보고 말았어. 떤은 화가 났고 랑도 부끄럽고 화가 나서 집을 나가기로 마음먹었어. 랑은 하염없이 길을 걷다가 큰 강가에 도착했지. 강물이 너무 세서 건널 수가 없었고 주변엔 인적도 없었어. 그곳에 앉아서 하염없이 울던 동생은 외롭고 지치고 낙심해서 그만 죽고 말았고, 그 시체는 바윗돌로 변했대.

떤은 동생이 없어진 것을 대수롭게 여기지 않다가 며칠이 지나도 돌아오지 않자 자신 때문인 것을 깨닫고는 랑을 찾으러 나갔어. 떤은 이곳저

곳 헤매다가 랑이 죽은 그 강가에 도착했어. 그런데 물살이 너무 세 건널 수가 없게 되자 강변을 따라 다니다가 동생이 돌로 변한 것을 발견했어. 동생의 죽음을 깨닫고 절망에 빠진 떤은 그 자리에서 그만 죽고 말았지. 그런데 죽은 그 자리에서 나무가 자라기 시작했어. 이 나무가 까우야.

떤의 부인 역시 남편이 돌아오지 않자 남편을 찾으러 길을 떠났다가 역시 그 강가에 도착하여 나무 옆에 앉아 울다가 지쳐서 죽어. 그런데 신기하게도 부인이 죽은 자리에선 덩굴 나무가 자라나 까우 나무를 타고 올라갔어. 이 덩굴 나무를 쩌우라고 해.

르우 씨 부부는 형제의 우애와 부부의 애틋한 정을 기리기 위해 세 사람이 죽은 장소에 사당을 세웠어. 가뭄이 심해서 모든 초목이 말라 비틀어질 때도 그 두 나무만은 푸름이 변치 않았다고 해.

그 뒤 세월이 흘러 그곳을 지나던 훙왕이 무성한 덩굴 나무가 바위와 나무를 휘감고 있는 것을 신기하게 여기고 지방 사람들을 불러 알아보았어. 사연을 들은 왕은 사람을 시켜 까우 나무의 과일을 따게 해서 맛을 보니 특별한 맛이 없었어. 그런데 쩌우 잎과 같이 먹으니 달콤하면서도 매운 맛이 나고 취기가 도는 듯하고 기분이 좋아졌어. 그것을 씹다가 돌에 침을 뱉으니 피처럼 붉은색으로 변하는 거야.

왕은 "참으로 신기한 일이다. 그들의 사랑이 정말로 깊구나."라고 감탄하였지. 그 뒤, 왕은 그 두 나무를 널리 심도록 하였고 결혼할 때는 그들의 사랑을 다시 되새기라는 의미에서 쩌우 잎과 까우 열매, 바위를 태워 만든 석회를 씹도록 했어.

자, 어때? 이야기를 들어 보니 쩌우까우가 결혼할 때 빠질 수 없는 예물이 될 만하지?

쩌우는 옛날 베트남 사람들에게 대화에 빠져서는 절대 안 되는 필수품이었대. 상대방과 함께 쩌우를 씹는 것은 서로를 존중한다는 뜻이었어. 또, 쩌우를 오랫동안 씹으면 이가 점차로 까맣게 변해. 그래서 옛날에는 까만 이를 가진 사람이 부귀롭고 예쁘다고 여기기도 했단다. 그렇지만 오늘날에는 이 풍속이 점점 사라져 가고 노인을 제외하고는 잘 안 씹어. 농촌에서는 아직 젊은 사람들도 씹는다고 하지만 말이야.

자, 밥을 다 먹었으면 후식으로 과일을 먹자. 베트남엔 과일도 종류가 많고 아주 맛있어. 쭈어이(바나나), 망 꺼우(커스터드 애플), 깜(오렌지), 텀(파인애플), 망 꿋(망고스틴), 쫌 쫌(람부탄), 밋(잭프루트), 쏘아이(망고), 탄 롱(드래곤프루트), 서우 리엥(두리안) 등등 이름을 다 열거할 수도 없어. 이왕 베트남에 왔으니 안 먹어 본 열대 과일에 도전해 봐. 열대

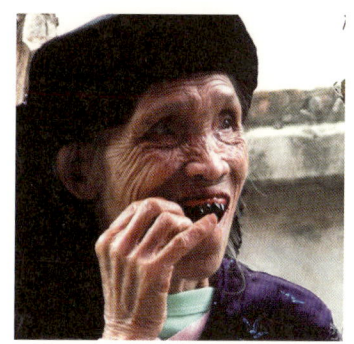

쩌우까우를 오랫동안 먹으면 이가 까맣게 변한다. ⓒ 류지현

쏘아이(망고)

망 꺼우(커스터드 애플)

일 년에 세 번 쌀을 수확하는 나라

열대 과일의 왕과 여왕이라고 불리는 서우 리엥(두리안)과 망 끗(망고스틴). 서우 리엥은 반으로 쪼개서 안에 든 노란 주머니처럼 생긴 과육을, 망 끗은 흰 마늘처럼 생긴 과육을 먹는다. 서우 리엥의 경우에는 몹시 구린 냄새가 나서 호텔 등에 반입이 금지되기도 한다.

과일의 왕 서우 리엥은 어때? 자, 별이부터.

우하하. 별이 표정 좀 봐. 서우 리엥은 두리안이라는 이름으로 알려져 있어. 맛과 냄새가 독특해서 처음 먹는 사람들은 깜짝 놀라지만, 몇 번 먹다 보면 계속 먹고 싶어지는 게 서우 리엥이야. 베트남에 있는 동안 서우 리엥 맛에 익숙해져 봐. 나중에는 꿈에서도 나타날걸?

오후에는 그물 침대에서 낮잠을!

아, 배부르다. 자, 그럼 슬슬 동네 구경을 나가 볼까. 그 전에 먼저 집 구경부터 할래? 베트남 집의 거실 중앙에는 대부분 반 터라고 하는 조그만 제단이 있어. 베트남 사람들은 조상을 섬기는 것을 아주 중요하게 생각하기 때문에 매일 아침 이 제단에 차를 바치고 향을 피워. 집뿐만 아니라 일반 상점이나 호텔, 박물관 같은 곳에도 다 조그만 제단이 있으니까 앞으로 다니면서 눈여겨보도록 해.

마당에 심어진 이 나무가 아까 말한 까우 나무야. 베트남의 시골에서는 까우 나무를 앞마당에 심고 바나나 풀을 뒷마당에 심어. 까우 나무는 몸체가 크고 튼튼한데다 잎이 길게 늘어져 있어서 오후의 강렬한 햇살을 막아 주거든. 그리고 바나나 풀은 키가 작고 두꺼운 잎들이 있어 북풍을 막기에 좋으니까 집 뒤쪽에 주로 심어.

길거리나 집 울타리 안에서 흔히 볼 수 있는 바나나 풀. 바나나는 겨울에는 뿌리만 남고 잎과 줄기가 모두 시들어 버리는 파초과 여러해살이풀이다.

바나나는 집집마다 심기 때문에 베트남에서 가장 많이 나는 과일인데, 열매뿐만 아니라 잎사귀와 줄기도 여러 가지 도구를 만드는 데 쓰여서 아주 요긴한 풀이지. 예를 들어 우리가 아까 먹었던 그 음식도 양념한 돼지고기를 바나나 껍질로 싼 후 구운 거거든. 게다가 바나나 줄기는 물건을 포장하는 끈으로도 사용하니 버릴 게 없지.

베트남에서는 지붕을 커다랗게 만들어. 우기에 많은 양의 빗물을 받아 내기 위해서야. 베트남은 한국보다 훨씬 더 적도에 가깝거든. 아시아 몬순 기후대에 속하기 때문에 1년 내내 기온이 높아. 그래서

일 년에 세 번 쌀을 수확하는 나라

남북으로 긴 지형을 갖고 있는 베트남의 지도. 북으로는 중국과 국경을 마주하고, 서쪽은 라오스, 캄보디아와 국경을 접하고 있다. 수도는 북쪽의 하노이이지만, 남베트남의 수도였던 사이공, 곧 오늘날의 호찌민 시가 무역의 도시로 크게 발달해 있다.

사계절이 아니라 비가 많이 오는 '우기'와 비가 적게 오는 '건기'로 나뉘어. 주로 11월부터 4월까지가 건기고, 5월부터 10월까지가 우기야. 건기에는 대륙으로부터 건조하고 서늘한 동북 계절풍이 불고, 우기에는 남중국해로부터 뜨겁고 습기 찬 남서 계절풍이 불어오지.

그렇지만 너도 지도를 보면 알겠지만 말이야, 베트남이 워낙에 남북으로 길쭉한 나라이거든. 그래서 북쪽의 하노이 같은 곳은 겨울에 제법 춥단다. 이왕 이렇게 된 거 같이 지도를 볼래? 베트남은 폭이 좁고 남북으로 길게 뻗어 있어. 남북의 길이는 1,750킬로미터로, 가늘고 긴 S라인 몸매를 이루고 있어. 베트남의 수도 하노이에서 남쪽에서 가장 큰 무역 도시인 호찌민까지는 비행기로 두 시간이 걸리지.

비행기로 한 시간 걸리는 서울과 제주도도 겨울이면 기온 차이가 꽤 많이 난다면서? 서울에 눈보라가 칠 때도 제주도는 춥지 않아서 깜짝 놀랐다고 이모가 그랬거든. 그러니까 비행기로 두 시간 거리인 하노이와 호찌민은 기온 차이가 꽤 나겠지. 그래서 연중 여름인 남부에 비해 북부는 사계절의 구분이 비교적 뚜렷해. 하노이는 겨울에 가장 추운 날 영상 4도까지 내려가고, 중국과 국경을 이루는 지역에는 아주 간혹 눈이 내리기도 한대. 그래도 우리나라의 대부분은 매우 따뜻한 편이야.

건기에는 거의 비가 내리지 않기 때문에 풀이나 잡초들이 모두 말라 버려. 나무도 대부분 잎갈이를 하느라 나뭇잎이 다 떨어져서 베트남 전체가 조금은 삭막해 보이기도 해. 건기 막바지에는 무척 더워. 기온이 30도가 넘고 습도도 매우 높아 땀이 많이 나. 다행히 바람이 많이 불어 금방 땀을 식혀 주고, 그늘에 들어가면 금방 시원해지지. 그리고 4월 말이나 5월 초가 되면 우기가 시작된단다. 비가 내리면 건기 동안 뜨겁게 달궈졌던 대지가 식으면서 나뭇잎들도 다시 초록색으로 싱싱해져.

우기는 문자 그대로 비가 많이 내리는 때이지만, 그렇다고 하루 종일 비가

베트남 우기 때 거리의 모습. 소나기처럼 잠깐 동안 많은 양의 비가 내린 뒤 다시 햇빛이 난다. 비가 오면 그 자리에서 우비를 꺼내 입는다.

일 년에 세 번 쌀을 수확하는 나라

내리는 건 아냐. 햇볕이 쨍쨍 내리쬐다가 금방 장대비가 쏟아지고, 또 금방 해가 쨍쨍해지거든. 한국에도 그런 비가 온다며? 소낙비 말이야. 베트남의 우기 때에는 그런 소낙비가 매일매일 온다고 생각하면 돼. 이런 비를 열대의 스콜이라고 불러.

또, 우기 때에는 태풍이 오기도 해. 일단 태풍이 몰아치면 그 영향력이 대단하단다. 태풍은 폭풍우를 같이 데리고 와서 때로는 하루에 800~1,700밀리미터의 비가 집중적으로 쏟아지기도 해. 거기다 강한 바람까지 불면 높은 파도와 심한 해일이 일어나 큰 나무들조차 부러지고, 집들이 물에 잠기지. 인명 피해도 많아서 태풍이 정말 무서워. 특히 강 주변 마을은 태풍이 휩쓸고 가면 남아 있는 게 없을 정도야. 그래서 역사적으로 베트남 사람들은 끊임없이 제방을 쌓고 하천을 관리하는 공사를 해 왔단다. 베트남에 강이 많은 만큼, 그건 아주 중요하고 큰 사업이지.

하천 공사를 하는 건 힘든 일이지만 대신 강이 많고 겨울이 없는 베트남에서는 늘 수영을 즐길 수 있단다. 10킬로미터가 넘는

수상 가옥에 살면 물과 더욱 가까울 수밖에 없다.

강이 무려 2,860여 개나 있으니까 말이야. 강뿐일까? 동쪽과 남쪽에 있는 해안선의 길이가 무려 3,260킬로미터에 이르지. 그러니 베트남 사람들 대부분은 능숙한 수영 선수들이야. 그렇지만 건기가 되면 강도 마를 때가 있어. 건기가 되면 정말 덥지.

공원에 해먹을 치고 즐기는 낮잠 시간

더위가 가시기를 기다리는 동안에 사람들은 낮잠을 한숨씩 자는데 이 낮잠을 응으 쯔아, 즉 오침(낮잠)이라고 불러. 서양에서는 '시에스타'라고도 하지. 베트남 사람들이 집이나 가게에 해먹(그물 침대)을 가지고 있는 것도 낮잠을 즐기기 위해서야. 오전 일을 마치고 집으로 돌아와, 혹은 손님이 없는 시간에 나무와 나무 사이에 걸어 놓은 그물 침대에 누워 자는 '한낮의 잠'은 베트남 사람들에겐 꿀맛 같은 휴식이지. 옛날에 전쟁을 할 때도 안전한 곳이면 해먹을 나무에 매고 한숨씩 잤다니, 베트남 사람들에게 낮잠이 얼마나 중요한지 알겠지?

베트남이 이렇게 덥고 습하다 보니 나도 사실은 겨울이 어떤 느낌

일 년에 세 번 쌀을 수확하는 나라

일지 궁금해. 한국으로 시집 간 이모는 봄·여름·가을·겨울이 있고, 겨울에는 하얀 눈이 내린다고 했어. 언젠가 텔레비전에서 눈을 본 적이 있는데 보풀보풀 날리는 것이 참 예쁘더라. 이모가 방학 때 놀러오라고 했으니, 겨울에 놀러 가서 눈썰매를 꼭 타 보고 싶어!

네, 이 아이들은 한꾸억에서 왔어요

자, 그럼 마을 구경을 나가 볼까. 아이고, 모두들 너희가 누군가 궁금해하네.

"네, 할머니. 이 아이는 별이예요. 한국 사람과 결혼해서 한국으로 간 민짜오 이모의 딸이요. 이 아이들은 별이 친구들이고 한꾸억에서 왔어요. 예, 따이한이요."

한꾸억은 한국인 거 같은데, 따이한은 뭐냐고? 대한민국의 대한을 베트남식으로는 '따이한'이라고 발음해. 그래서 옛날 분들은 주로 한국을 따이한이라고 불러. 대한, 따이한. 어때, 비슷하지?

베트남도 한국처럼 중국과 국경을 마주하고 있어서 옛날에는 중국의 영향을 많이 받았어. 특히 1,000여 년 동안 중국의 지배를 받은 시기가 있었는데, 그동안 계속 한자를 사용했어. 지금 쓰는 베트남 글자가 만들어지기 전까지 한자를 썼기 때문에, 한자를 뿌리로 하는 베트남 말이 많아. 이모가 처음 한국에 가서 말을 배울 때, 베트남식 단어와 한국말이 비슷해 신기할 때도 있었대. 결혼은 '켓혼', 사회는 '싸호이', 과학은 '코아혹', 대학은 '다이혹', 현대는 '히엔다이', 기숙사는 '키툭싸'……. 아예 똑같은 말도 있어. 24절기 가운데 하나인 '동지, 하지' 같은 말은 아주 똑같이 발음해.

베트남의 어린이 교과서. 표지에 알파벳을 차용해 만든 베트남 글씨가 보인다.

그런데 베트남 글자를 보니 매우 낯이 익다고? 그럴 거야. 지금 쓰고 있는 베트남 문자는 알파벳이야. 하지만 네가 흔히 보는 미국의 알파벳이랑은 좀 다를 거야. 글자 위에 점이나 물결 문양 같은 것이 달려 있곤 하지? 이것은 우리 베트남이 남의 글자를 받아들여 썼기 때문이야. 베트남은 오래 전부터 한자를 써 왔는데, 한문이 어렵다 보니 문맹률이 높았어. 한자를 빌려서 베트남 어를 표기하는 '쯔 놈'이라는 문자를 사용하기도 했지만, 많은 사람들이 자유롭게 쓰진 못했지. 그런데 17세기에 베트남에 선교를 하러 온 프랑스 선교사가 로마자 표기를 따라 현재의 베트남 문자를 만든 거야.

말이 난 김에 간단한 베트남 어를 배워 보는 건 어때? 어느 나라든 말을 알면 훨씬 그 나라가 잘 보이거든. 참, 말을 배우기 전에 먼저 알아 둘 것은 베트남 어에는 6성이라는 성조가 있다는 거야. 성조란 발음의 높낮이를 말해. 똑같은 발음이라도 성조를 올리고, 내리고, 굴리고, 꺾고, 깔고, 평평하게 하는 것에 따라 뜻이 모두 달라져. 음계 없는 음악은 상상할 수 없듯이, 성조 없는 베트남 어는 오아시스 없는 사막이요, 꿀 없는 호떡이란다. 같은 단어를 써 놓고도 그 아래 위에 음의 장단과 높낮이를 표시하는 기호에 따라 그 뜻이 완전히 달라져.

예를 들어 '마(ma)'라는 단어는 처음부터 끝까지 중간 음으로 내면 '마귀'라는 뜻이야. 끝에 물음표가 달린 것처럼 올려 읽으면 '무덤(mả?)'이 되고, 점점 크게 말하면 '어머니(má)'라는 뜻이야. 그리고 반대로 점점 내려 읽으면 '그러나(mà)'라는 뜻이고, 끝에서 약간 비꼬아 주면 '말(馬: mã)'이라는 뜻, 사정없이 무뚝뚝하게 똑 끊어 말하면 '벼 모종(mạ)'이란 말이 된단다. 성조를 어떻게 하느냐에 따라 'ma'라는 한 단어가 '마귀', '무덤', '어머니', '그러나', '말', '벼 모종' 같은 각기 다른 6개의 단어가 되는 거야. 이 성조 때문에 웃기는 일들도 많이 일어나.

언젠가 한번은 한 일본 친구가 "신 짜오, 깍반(안녕하세요, 여러분.)."을 "신 짜오, 깍꾸반."으로 목소리를 깔고 발음해서 교실 전체가 웃음바다가 되었단다.

왜냐고? '깍'을 발음할 때 위로 올렸어야 하는데, 목소리를 깔면서 하는 바람에 완전히 다른 뜻이 되어 버린 거야. '깍꾸'는 남성의 성기를 지칭하는 말이거든. 그래서 그 문장의 뜻이 '네 거시기가 안녕한지?'를 묻는 말이 되어 버렸어. 모두 책상을 두드리며 웃었지.

이런 일만 봐도 알 수 있겠지만 베트남 어를 배울 때에는 성조를 잘 살려서 말을 해야 해. 성조는 베트남 말에만 있는 건 아니고 중국 어에도 있어. 다만 중국 말이 4성조를 쓰는 데 비해, 베트남 어는 2성조가 많아서 6성조가 있지. 잘 들어 보면 마치 새가 노래하는 것처

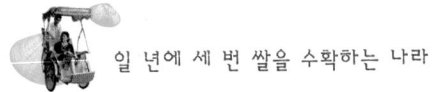
일 년에 세 번 쌀을 수확하는 나라

럼 다양한 음높이가 있단다. 자, 그럼 나를 따라 해 봐.

 Chào(짜오)는 '안녕'이라는 말이야. 내가 맨 처음 너희를 만났을 때 "신 짜오."라고 했지? 그때 '짜오'는 안녕이라는 말이고 '신 짜오(Xin Chào)'는 몹시 더 반가울 때 쓰는 말이야. 이 밖에도 어떤 단어가 있는지 알아볼까?

 Vui(브이) : 반갑습니다.
 Cảm ơn (깜 언) : 감사합니다.
 Xin lỗi (신 로이) : 미안합니다.
 Dạ (다) : 예.
 Không (콩) : 아니오.
 Bố, ba(보, 바) : 아버지
 Mẹ, má(메, 마) : 어머니
 Tôi tên là 별이(또이 뗀 라 별이) : 내 이름은 별이입니다.
 Tôi tứ Nam Triều Tiên (또이 뜨 남 쥬 띤) : 나는 남한에서 왔습니다.

 한국을 왜 남 쥬 띤이라고 하냐고? 그건 남북을 구분해서 불러서 그래. 북한은 박 쥬 띤, 남한은 남 쥬 띤. 북조선, 남조선이란 말이야. 이건 역사와도 관련이 있어. 베트남이 미국과 전쟁을 할 때 북한과 남한이 다른 입장을 취했기 때문에 구분해서 불러야 했거든. 이건 나중에 얘기해 줄게. 저기 친구들이 물소를 타고 오네. "신 짜오." 하고 인사해 봐, 어서. 부끄러워하지 말고.

물소도 타고 축구도 하고

신 짜오, 얘는 내 사촌 별이고 그 옆으로는 별이의 친구들이야. 한국에서 왔어. 별아, 인사해. 이 아이들은 이 동네 사는 친구들인데 이제 물소를 데리고 집으로 가는 길이야.

시골에 사는 아이들은 어려서부터 물소를 돌보기 때문에, 물소 등 위에서 노는 건 일도 아니지. 해질 녘이 되면 돼지도 데리고 가야 하고 닭들도 닭장에 넣어야 하는데 이런 일들은 대부분 아이들 몫이야. 그런데 왜 돼지를 풀어서 먹이냐고? 그럼 한국에선 돼지를 어떻게 키워? 우리에 가둔다고? 와, 돼지가 거기에서 하루 종일 먹고 싸고 뭉개면 냄새가 장난이 아닐 텐데 그걸 어떻게 견디지?

한가롭게 어슬렁거리는 돼지들

물소를 타고 가는 베트남 어린이

일 년에 세 번 쌀을 수확하는 나라

　베트남에서는 돼지들을 풀어서 길러. 돼지들은 하루 종일 어슬렁거리며 수풀 사이로 먹이를 찾아다니거나 진흙탕에 목욕을 하거나 닭, 고양이, 개와 함께 골목길을 돌아다녀. 밤이 되면 물론 우리로 들어가긴 하지만. 흠, 돼지들이 살기엔 한국보다 베트남이 낫겠는걸. 돼지는 사실 깨끗한 걸 정말 좋아하는 동물이거든.

　야, 저기서 아이들이 축구를 하네. 우리도 같이 끼워 달라고 하자. 좋아, 한국 대 베트남 축구 시합을 해 볼까. 아, 잠깐, 그러면 별이는 어디에 속하지? 그러고 보니 별이는 이편에도 저편에도 다 낄 수 있겠구나. 지금은 한국이 숫자가 모자라니까 이번엔 한국 팀으로 뛰어 줘. 자, 그럼 시작이다!

맨발에도 아랑곳없이 축구를 즐기는 아이들

헉헉, 별이 너 정말 잘 뛰는구나. 축구는 내가 가장 좋아하는 운동이야. 나뿐만 아니라 베트남 사람들은 정말 축구를 좋아해. 그래서 남자 아이들은 노는 시간이면 여지없이 축구공을 갖고 놀지. 물론 가끔은 배드민턴도 치고 팽이치기도 하고 당구도 치지. 한국에서 당구는 거의 어른들만 하는 놀이라고? 신기하네. 베트남에선 아이들도 당구를 좋아해. 어디를 가도 당구대가 있고 어른, 아이 할 거 없이 게임을 즐기는 편이야.

제기차기도 많이 하는 놀이 가운데 하나야. 여럿이서 원을 만들어 한 개의 제기를 공중에 높이 차올리고, 제기가 땅에 떨어지지 않도록 돌아가면서 차. 사람이 늘 때마다 원은 커지고, 자연히 제기는 더욱 더 공중으로 높이 올라가지. 무릎으로 살짝 받아서 다시 발로 높이 차는 것이 기본 동작이야. 뒷발로 차는 건 아주 고난도에 속해. 나도 잘하기 위해 집에서 연습을 많이 해. 잘하는 사람은 서로 편을 먹으려고 하거든.

팽이치기도 우리가 좋아하는 놀이 가운데 하나야. 팽이에 줄을 단단히 감아 땅을 향해 뿌리면 팽이가 뱅그르르 돌아가지. 그리고 공격하는 아이가 돌아가는 팽이 위로 자기 팽이를 올려서 누가 더 오래 돌아가는지 승부하는 방식으로 놀아. 이게 바로 '찍기'이지. 한국도 제기차기와 팽이치기가 있다고? 신기하네. 찍기도 똑같이 한다고? 비슷한 점이 많구나. 그럼 또 찾아보자.

일 년에 세 번 쌀을 수확하는 나라

베트남의 한 시골 마을에서 태권도를 배우고 있는 아이들. 베트남에서 태권도는 인기 있는 격투 스포츠이다. ⓒ 허유리

연날리기는 어때? 베트남에선 바람이 부는 3월이면 연을 많이 날려. 그리고 난 장기 두는 것도 좋아해. 한국에도 연을 날리고 장기도 둔다고? 야, 정말 비슷한 놀이가 많은데?

여자 친구들은 고무줄놀이를 즐겨 해. 노래를 부르면서 폴짝폴짝 뛰는 건데 나도 어렸을 땐 누나랑 같이 하다가 좀 더 커선 안 해. 고무줄놀이는 여자 친구들 놀이로 치거든. 아, 그리고 태권도도 많이 배워. 베트남 태권도 동호회 사람들 숫자가 무려 1,000만 명이라니까. 해마다 호찌민 시에서 태권도 대회가 열리기도 해.

컴퓨터 게임? 베트남에선 아직 컴퓨터 게임을 많이 하지 않아. 집집마다 컴퓨터가 있는 것도 아니고. 그렇지만 게임은 좋아하지. 하노이나 호찌민 같은 대도시에는 외국인 관광객들을 위한 인터넷 카페 등이 많이 운영되고 있기는 하지만, 베트남 가정집에서 컴퓨터나 인터넷을 하는 건 아직 드문 일이야.

이제 슬슬 어두워지네. 집으로 돌아가자. 나도 일기를 쓰고 숙제도 해야 해. 내가 숙제할 동안 집 안에 뭐가 있는지 구경하면 어때?

내가 집에 사는 친구를 보여 줄게. 음, 어젯밤에 못 봤다고? 아니, 이럴 수가! 너의 피부를 지켜 주고 가려움증으로부터 보호해 주는 아주 절친한 친구를 못 봤단 말이야? 잠깐만 기다려 봐.

짜잔! 우리 친구……, 야야, 소리 지를 것까진 없는데. 베트남 도마뱀은 사람한테는 전혀 해를 끼치지 않으니까 걱정하지 마. 아니, 주로 모기, 파리 같은 해충을 잡아먹고 살기 때문에 사람들에게 아주 이로운 동물이라고. 늪이나 수로, 나무가 많은 베트남에 모기가 별로 없는 이유가 바로 저 도마뱀의 활약 덕분이니까.

집 안을 돌아다니는 작은 도마뱀

도마뱀은 집 안으로 들어와 환한 전깃불 아래에서 잠자코 기다리지. 그러다 불빛에 모기, 파리 따위가 몰려오면 얼른 잡아 먹어. 그리고 아주 작아서 제일 큰 것이 5센티미터 정도 되니까 위협적이지도 않아. 모기를 퇴치해 주는 천연 모기약이라 할 수 있으니 도마뱀을 보면 너무 놀라지 말고 인사나 해. 날 위해 모기를 많이 먹어 달라고 말이야.

열대 과일의 나라에서 태어난 엄마에게

엄마, 오늘은 베트남의 과일을 먹어 봤어요. 노란 쏘아이는 너무나 달콤했고, 깜은 특별한 맛은 없었지만 시원했어요. 엄마가 먹고 싶다던 쫌 쫌도 먹어 보고 새콤달콤한 망 끗도 맛보았어요. 망 끗은 이제까지 먹어 보았던 과일 중에서 제일 맛있었어요. 히엔 오빠가 열대 과일의 왕이라며 준 서우 리엥을 먹어 보고는 깜짝 놀랐어요. 으, 완전 구렸거든요.

오빠는 웃으면서 이 맛을 아는 사람만이 베트남 사람이라고

하더라고요. 목이 마르면 코코넛을 먹고, 광고에서만 보던 구아바, 채를 썰어 무쳐 주면 맛있는 그린파파야, 그리고 분홍색 껍질을 까면 하얀 속살에 까만 씨가 점점이 박힌 탄 롱, 커다란 것에서 손가락만 한 크기까지 종류도 다양하고 맛도 다양한 쭈어이까지 정말 모두가 맛있고 시원해요.

한국에서 노란 바나나만 먹는 줄 알았는데 녹색 바나나가 이렇게 맛있는 줄 몰랐어요. 그러다 문득 엄마 생각이 났어요. 이렇게 다양한 과일들을 먹고 살다가 한국에 오게 되면서 못 먹은 과일들이 많겠구나, 가끔씩 이 과일들이 정말 먹고 싶었겠구나 하는 생각을요. 과일을 잔뜩 가져가고 싶은데 이런 건 가져가면 안 된다고 하네요. 대신 제가 많이 먹고 갈게요.

그리고 엄마, 앞으로 설날엔 엄마랑 나랑은 아오자이를 입어요. 이모가 아오자이를 만들어 준다고 목과 팔, 허리와 가슴, 엉덩이 등등 거의 열 군데도 넘게 쟀어요. 돌아갈 때는 예쁜 아오자이를 입은 제 모습을 보실 수 있을 거예요.

시장 구경하느라 피곤한 별이 올림.

한국의 것과 닮은 명절과 풍습들

별아, 잘 잤니? 어서 밥 먹고 일어나자. 너와 친구들이 온다는 소식을 듣고 마을 이장님이 초대하셨어. 네 엄마인 민짜오 이모와 이장님 딸이 친한 친구 사이였거든. 민짜오 이모 소식도 듣고 싶고 너도 보고 싶다고 한번 꼭 오라고 하셨어. 아, 오늘도 맛있는 음식을 잔뜩 먹겠는걸. 네가 오니까 만날 설날 같아. 베트남에도 설이 있냐고?

설은 베트남 최고의 명절이야. 설날을 전후해서 일주일 이상은 휴가인데, 이때는 상점들도 거의 다 문을 닫아. 설날엔 조상에게 차례를 지내고 세배를 하고 성묘를 해. 베트남 사람들은 조상을 섬기는 일을 중요하게 생각하거든. 그건 한국도 마찬가지라고? 그럼 세뱃돈도 받아? 이야, 정말 똑같네. 베트남에서도 어른들이 세뱃돈을 주셔.

붉은 봉투에 넣어서.

  설날에는 폭죽놀이도 대단해서 도로가 폭죽 연기로 꽉 찰 정도야. 설날 며칠 전부터 밤낮을 가리지 않고 폭죽을 터뜨리기 때문에 축제 분위기가 나고 아이들은 신이 나서 뛰어다녀. 설날에 꽃을 사는 관습이 있는데, 주로 진분홍빛 매화를 많이 사는 편이야.

나무에 등을 걸어 설을 축하하는 모습 ⓒ 박희진

  추석도 있냐고? 원래는 쫑 투라고 해서 음력 8월 15일이 추석이었는데, 요즘은 그날이 어린이날로 바뀌었어. 쫑 투가 어린이날로 바뀐 건 호 아저씨, 그러니까 베트남의 초대 대통령이었던 호찌민 주석의 특별한 지시로 그렇게 되었다고 해. 어린이들을 무척 좋아했던 호 아저씨는 전쟁 중에 부모를 잃고 사랑과 보호를 받지 못하는 수많은 어린이들을 어떻게 위로할까 고민하다가 쫑 투 기간에 어린이들을 위로하는 일을 시작했대. 이후부터 쫑 투는 어린이날로 정해져 지금까지 이어져 오고 있다고 해.

  쫑 투에는 부모들이 아이들을 위해 햇곡식으로 떡을 만들어 주거나 장난감이나 학용품 등을 선물로 줘. 또 사회 단체들은 공공장소에

한국의 것과 닮은 명절과 풍습 들

추석날 등을 갖고 놀러 나온 베트남의 어린이들 ⓒ최현종

서 어린이들을 위한 인형극이나 노래 자랑 같은 행사를 마련해 아이들을 즐겁게 해 주지. 아이들은 이날 등을 만들어서 마당에 달기도 하고 길거리를 돌아다니기도 해. 보름달이 뜨면 별, 생선, 나비 모양의 등을 들고 달맞이를 가지. 별이도 같이 어린이날을 보내고 가면 좋을 텐데, 그럼 방학이 끝날 테니 못 보고 가겠구나. 참 아깝다.

베트남에서 또 하나 중요한 날은 종전 기념일이야. 베트남이 미국과의 전쟁에서 승리한 날이 베트남 종전 기념일인데 4월 30일이야. 그 다음 날이 5월 1일 노동절이기 때문에 해마다 연휴가 이틀씩 있는 셈이지. 이날은 관공서는 물론이고, 전국의 교통 기관과 국영 기업체, 은행 등이 문을 닫고 축제를 즐겨. 전야제 등불 행렬로 축제가 시작되는데 이 가등 행렬에 어린이들도 많이 참여해.

이때 전국의 모든 해안 도시에서 벌어지는 보트 경주는 가장 인기 있는 축제야. 해안에는 이 놀이를 구경하려는 사람들이 몰려들고 기다란 보트에는 베트남 사람들이 빽빽이 올라타서 응원도 하고 신나게 놀아. 긴 전쟁이 끝나고 베트남이 독립을 했던 걸 기억하는 날이니까 모두들 즐겁게 놀아야지.

엇, 이러다 늦겠다. 얼른 이장님 댁으로 가자!

베트남과 한국의 인연

이장님, 안녕하세요. 네, 이 아이가 민짜오 이모의 딸 별이예요. 이장님이 널 한눈에 알아보시겠대. 이모랑 정말 많이 닮아서. 민짜오 이모는 정말 착하고 부지런해서 동네 사람들이 모두 좋아했대.

와, 이장님이 우리를 위해 쩨를 준비하셨구나. 이건 내가 제일 좋아하는 간식이야. 시원하고, 달콤하지. 뭐라고? 한국의 팥빙수와 비슷하다고? 별아, 한국과 베트남엔 정말 비슷한 게 많은 거 같지? 놀이도 그렇고 먹는 것도 그렇고 말이야. 별아, 그런데 이장님이 네가 어디 이씨냐고 물어보시는데? 연안 이씨? 이장님은 혹시 화산 이씨가 아닌가 해서 물어보셨대. 화산 이씨의 시조가 베트남 리 왕조의 후손이거든. 베트남 사람이 어떻게 한국 사람의 시조가 되냐고? 흠, 사실 나도 처음 듣는 말이야. 이장님, 도대체 어떻게 된 일이죠?

쩨는 얼음을 간 것에 여러 가지 과일과 견과류 등을 넣어 먹는 간식이다.

한국의 것과 닮은 명절과 풍습 들

저런, 우리 베트남 사람과 한국의 관계에 대해 아직 몰랐구나. 리 왕조는 1009년부터 1225년까지 약 200년 동안 유지된 베트남의 왕조였단다. 특히 리 왕조의 왕들은 불교를 신봉하고 장려해서 불교 문화를 베트남에 정착시켰단다. 한편으론 중국으로부터 전수받은 관개 기술을 활용해 수로를 건설하고 농토를 개간해서 베트남에서는 이때부터 본격적으로 농경 문화가 자리를 잡았단다. 또, 리 왕조는 지방 행정 제도를 정비하고 조세 제도도 정비했지. 한 나라의 왕조가 자리 잡기 위해서는 조세 제도나 행정 제도도 잘 정비되어야 하거든. 그러려면 똑똑한 사람들이 많아야 하니까 과거를 실시해서 총명한 인재들을 등용하고 또 대학을 설치해서 교육시켰단다. 대학에선 공자나 맹자 같은 걸 공부하게 되니까 공자를 기리는 문묘도 이 시기에 세우게 되지.

그렇지만 리 왕조는 200년 쯤 가다가 쩐 왕조에 의해 망하고 만단다. 재미있는 건 1226년 1월, 베트남의 리 왕조가 멸망하면서 당시 왕이었던 후에 똥의 숙부인 리 롱 뜨엉이 가족들을 데리고 망명길에 오른 거야. 배를 타고 표류하던 그가 도착한 곳은 당시 고려 땅이던 황해도 옹진 화산이었어. 고려 왕조는 그가 베트남에서 온 왕족이라는 걸 알고 측은히 여겨 이용상이라는 이름과 그 지역의 땅을 주어 고려에 살도록 했지. 그 뒤, 그는 몽골의 침입에 공을 세우는 등 고려에 많은 도움을 주며 정착해, 오늘날 한국의 화산 이씨의 시조가 되었단다. 요즘에도 화산 이씨들이 베트남을 종종 방문한다는구나. 그래서 네가 혹시 화산 이씨가 아닌가 하고 물어본 거야.

와, 재미있다. 한국 사람 중에도 베트남 사람의 후예가 있는 거네요. 이장님, 베트남과 한국이 교류한 이야기가 또 있나요?

흠, 18세기에 태풍으로 베트남에 표류해 온 조선 사람들이 있었다는 기록도 있더구나. 24명의 조선 선원들이 태풍을 만나 베트남에 도착했는데, 당시 베트남에서는 돌아갈 배가 마련될 때까지 편안히 지내도록 조치를 취해 주었다는 기록이 남아 있단다. 민짜오가 한국 사람과 결혼해서 한국으로 가고 난 다음에 이것저것 자료를 찾아보

한국의 것과 닮은 명절과 풍습 들

았단다. 한국과 베트남이 과거에 어떤 식으로 만난 일이 있었나 하고 말이다. 직접적인 교류가 많은 건 아니었지만 옛날엔 베트남과 한국이 그럭저럭 사이좋게 지낸 거 같구나. 현대에 와서 미국과의 전쟁이 일어나고 한국이 그 전쟁에 개입하기 전까지는 말이다.

한국이 베트남의 전쟁에 참여한 걸 모른다고? 아직 역사 시간에 배우지 않은 모양이구나. 이 이야기는 나중에 전쟁 박물관에 가서 사진을 보면서 해 줄게.

참, 어제 마을 어귀에서 본 위령탑과 묘지들이 궁금하다고 했지? 그건 전쟁 중에 죽은 전사들의 묘지야. 조국을 지키기 위해 기꺼이 목숨을 바쳤던 분들을 기억하기 위해 탑을 세우고 공동묘지를 조성한 거야. 베트남은 프랑스와 미국과 오랫동안 전쟁을 하는 바람에, 많은 사람들이 전쟁터에서 죽었어. 그래서 웬만한 동네마다 저렇게 전사자들을 위한 묘지가 있어. 그리고 일반 사람들의 묘지는 주로 집 가까이의 논밭에 모시기도 하지. 한국은 무덤이 산에 있다고? 특이하구나.

그건 나라마다 장례 풍습이 달라서이지. 아마도 한국은 산이 많은 나라라서 그럴 게다. 베트남 사람들에게 논밭이 가장 편안한 곳이라면 한국 사람들에겐 산이 익숙하고 편안한 공간이어서 그랬을 거야.

논밭 가까운 곳에 자리 잡은 묘지. 오른쪽 구석에 묘비 등이 보인다.

하지만 조상을 섬기는 전통은 비슷하지. 나도 아버지와 어머니 무덤을 논밭에 만들어 두고 일하러 나갈 때나 들어올 때마다 한 번씩 보고 인사를 하지. 편안하게 잘 계신가 하고 말이다. 그러고 보면 나도 이 땅에 누울 날이 얼마 남지 않았어.

에이, 이장님은 쓸데없이 약한 말씀을 하시네요. 지금 정정한 모습을 뵈니, 이장님은 백 년도 끄떡 없을 것 같은데요? 오래오래 사셔서 별이가 나중에 딸을 데리고 놀러 올 때, 또 이야기를 들려주셔야지요.

한국의 베트남 후손과
결혼했을지도 모르는 엄마에게

엄마, 이상한 사실을 발견했어요. 한국에선 내가 무엇이 다른가가 중요했는데 베트남에 와서는 계속 무엇이 같은가를 발견하는 중이에요. 그러니까 한국에서 내 얼굴이 다른 아이들과 다른 것, 우리 엄마가 다른 아이들의 엄마와 다른 것이 늘 나를 불편하게 했어요. 나를 만나는 사람들도 항상 그걸 가장 먼저 말했고요.

그런데 히엔 오빠와 외갓집 식구들은 계속해서 우리가 무엇이 닮았나를 가르쳐 줘요. 비슷한 걸 발견하면 굉장히 반갑고 마음 한구석이 따뜻해져요.

참, 한국과 베트남이 비슷한 걸 또 하나 알게 됐어요. 베트남에도 비무장 지대가 있었다는 거예요. 한국 전쟁이 끝나고 휴전 협정을 맺을 때, 휴전선으로부터 남북으로 각각 2킬로미터씩을

DMZ(비무장 지대)로 지정했죠.

　베트남도 휴전 협정에서 북위 17도선 부근의 벤하이 강 연변을 따라 군사 경계선을 긋고 남북으로 각각 5킬로미터씩을 비무장 지대로 설정했대요. 비무장 지대에는 군대가 주둔할 수 없고, 무기를 배치할 수 없고, 군사 시설도 세우지 못한대요. 그런데 비무장 지대라는 말과는 달리, 이곳에서 오히려 전투가 치열했었다고 하네요.

　이장님은 내가 베트남의 역사를 알게 되면 한국과 베트남이 쌍둥이처럼 닮은 역사를 가졌다는 걸 알게 될 거래요. 그 말을 듣고 나니, 베트남의 역사를 차근차근 공부해 보고 싶어졌어요.

　참, 이장님의 말씀을 듣다 보니, 엄마가 만약 화산 이씨 사람이랑 결혼했다면, 선조가 베트남 사람인 한국 사람과 결혼한 게 되네요. 그것도 나름 재밌었을 텐데 말이죠.

　이제 오빠를 따라 학교에 갈 시간이에요. 다음 엽서 보낼 때까지 잘 지내세요.

베트남과 한국의 닮은 꼴을 찾아보는 별이 올림.

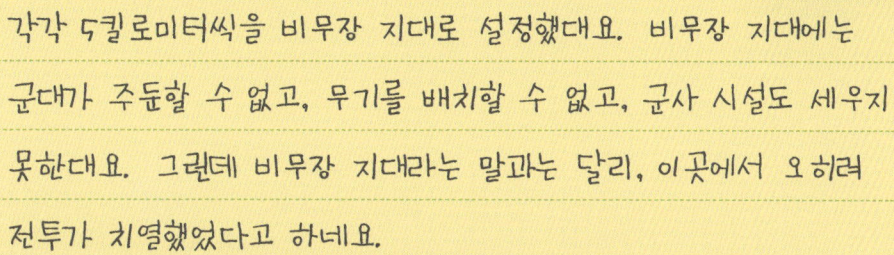

베트남의 시조는 락롱꿘과 어우꺼

자, 그럼 점심을 먹고 학교에 가자. 오후에 왜 학교에 가냐고? 베트남에선 오전반, 오후반으로 나누어서 수업을 하는 2부제 수업을 하는 경우가 많아. 학생에 비해 교실이 모자라서 어쩔 수 없어. 오전반 학생들은 아침 7시에 시작해서 1시 정도에 수업이 끝나고, 오후반은 2시에 시작해서 6시에 마쳐. 오늘은 내가 오후반이기 때문에 점심을 먹고 가면 돼. 자, 그럼 내 친구들을 만나러 가 볼까.

베트남의 초등학교는 5학년이 마지막 학년이야. 대신에 중학교가 4학년까지 있어. 고등학교는 3학년까지 있고. 우리 형은 8학년이야. 그러니까 중학교 2학년이란 말이지. 그리고 우리 누나는 10학년, 고등학교 1학년이야.

베트남 학생들은 학교에 다닐 때 꼭 교복을 입어야 해. 초등학생은 나처럼 파란 바지에 흰 와이셔츠, 빨간 머플러를 두른단다. 여자 친구들은 파란 치마를 입어. 호찌민 시는 늘 덥기 때문에 1년 내내 이렇게 입고 다니지만 달랏 같은 고산 지방은 춥기 때문에 이 위에 파란 스웨터를 덧입어. 더워서 양말은 거의 신지 않지. 중학생이 되면 머플러를 두르지 않고 바지와 흰 셔츠만 입으면 돼. 나도 빨리 중학생이 돼서 이 빨간 머플러를 안 둘렀으면 좋겠어. 왜냐고? 흠, 머플러를 하면 너무 어린애 같잖아.

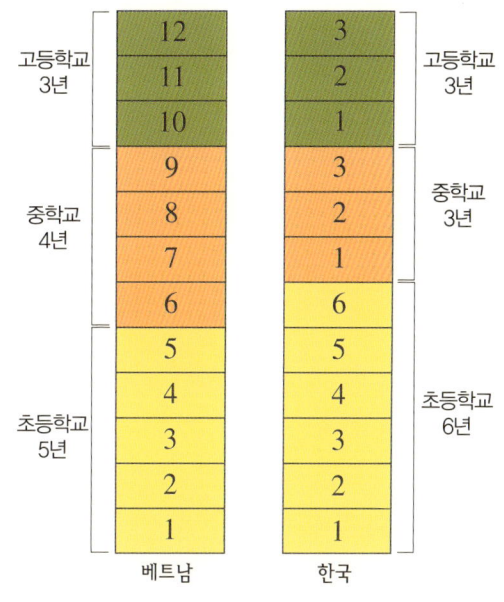

머플러를 두른 초등학생의 모습

베트남에서는 한 학기에 임시 시험을 2~3번, '티'라는 본시험을 학기 말에 한 번 봐. 10점 만점제인데 5점 이하면 낙제야. 낙제를 하면 재시험을 보고, 재시험에서

시골 학교의 교실 풍경

쉬는 시간이나 학업 시간을 알리는 시골 학교의 북

도 낙제를 하면 한 학년을 한 번 더 다녀야 해.

자, 도착했어. 여기가 우리 학교야. 아직 선생님이 안 오셔서 시끌시끌할 거야. 와, 장난이 아닌걸. 너희에 대해 너무 궁금한가 봐. 아이고, 별이 인기가 하늘을 찌르는구나, 하하.

쉬는 시간엔 이렇게 떠들어도 되지만 공부 시간에 장난을 치거나 친구들을 못살게 굴면 안 돼. 만약 2번 주의를 줬는데도 계속 그러면 세 번째 경고 때에는 교실 밖으로 쫓겨나. 베트남에선 선생님이 학생들을 때리지 않고 주로 혼을 내거나 수업에서 쫓아내는데, 처음엔 주의를 주고 그래도 고쳐지지 않으면 발을 오므리고 의자 위에 올려놓는 벌을 줘. 그런데도 계속 떠들거나 장난을 치면 교실에서 완전히 쫓겨나. 일명 삼진 아웃제야. 야구에서 스트라이크 세 번이면 타자가 아웃되는 규칙처럼 말이지.

야야, 선생님 오신다. 이제 모두 조용!

베트남을 이루는 소수 민족들

한국에서 온 친구들 반가워요. 특히 별이는 엄마의 나라에 온 걸 환영해요. 베트남에서 많은 걸 경험하고 돌아가길 바라요. 자, 오늘은 베트남의 민족 구성에 대해 배우는 날이에요. 한국 친구들도 왔으니까 떠들지 말고 잘 들어 보세요.

베트남의 인구는 9,300만 명쯤 되지요. 한국은 인구가 얼마나 되나요? 5,000만 정도 된다고요? 베트남보다 적지만 한반도는 남한과 북한이 있으니까 북한 인구 2,400만 정도를 합치면 7,400만 정도가 되겠네요. 베트남보다는 좀 적은 듯하지만, 베트남의 국토가 한반도보다 1.5배 정도 크니까 인구 밀도는 오히려 한국이 조금 더 높을 수가 있겠네요.

어쨌든 베트남 총인구 중 비엣 족이 인구의 85퍼센트를 차지하고 있습니다. 이 외에 타이(Tay) 족, 따이(Thai) 족, 중국인 화교, 캄보디아의 한 지류인 크메르 인, 참 족 등 50여 개의 소수 민족들이 함께 살고 있지요. 베트남 정부가 공식적으로 인정하는 민족의 수는 54개 민족입니다. 각각의 민족은 고유한 언어와 문화를 가지고 있습니다.

이 가운데 최대 민족은 비엣 족으로 보통 베트남 사람이라고 할 때 이 다수 종족인 비엣 족을 가리키는 경우가 많습니다. 베트남 사람들이 사용하는 언어도 이 비엣 족의 말입니다. 비엣 족이 다수이긴 하지만 그래도 베트남은 다민족 국가라고 할 수 있습니다. 다민족 국

베트남의 시조는 락 롱 꿘과 어우 꺼

베트남의 인구 중 80퍼센트를 차지하는 비엣 족을 비롯해 베트남을 구성하는 여러 소수 민족들

가란 미국·중국·인도같이 여러 민족들이 한 국가를 이루며 사는 나라를 말합니다.

베트남은 북쪽으로는 중국과 국경을 마주하고 있고 서쪽으로는 라오스, 캄보디아와 접하고 있는 지리적 위치 덕분에 일찍부터 많은 민족이 북에서 남으로 혹은 남에서 북으로 이동하는 경로, 즉 이주의 길이 되어 왔습니다. 대륙과 해양을 잇는 반도국인 까닭에 예로부터 다양한 문화와 민족이 접촉하는 공간이 되었고 수천년이 흐르면서 다민족, 다문화의 특징을 이루게 되었지요. 이는 베트남의 건국 신화에도 잘 드러나 있답니다. 하늘의 민족이 땅에 내려와 땅의 민족과 만나 나라를 이루었다는 고조선의 신화처럼, 베트남에도 서로 다른 두 문화가 만나는 이야기가 나와요. 한번 들어 볼래요?

옛날, 옛적에 베트남에는 락 롱 꿘이라는 바다의 신이 살았어요. 그는 원래 용이었는데 원낙에 용맹스러워서 사람들에게 존경과 신망을 받고 있었지요. 사람들은 어려움이 생길 때마다 그에게 찾아가 도움을 청했고 그는 언제나 어려움을 해결해 주었어요. 그리고 북방에는 산에 기반을 둔 데 라이라는 산신이 살고 있었어요. 그에게는 어우 꺼라는 딸이 있었는데 그녀는 착하고 어질어 어려운 사람들을 잘 돌봐 주었지요.

그러던 어느 날, 데 라이가 군대를 이끌고 마을을 침입했어요. 산신은 많은 사람들을 죽이고 재물을 약탈했지요. 데 라이의 약탈과 괴롭힘이 점점 더해지자 사람들은 수궁에 사는 락 롱 꿘을 찾아가 도움을 청해요. 락 롱 꿘은 데 라이와 한판 싸움을 벌였고, 데 라이는 점점 수세에 몰리게 되었지요. 그러던 어느 날 락 롱 꿘은 데 라이와 담판을 짓기 위해 찾아갔다가 어우 꺼와 만나게 되고 둘은 사랑에 빠지고 말아요. 데 라이는 사랑하는 딸이 락 롱 꿘과 사랑에 빠지고 군대도 점점 힘을 잃자 북방으로 돌아갔습니다.

락 롱 꿘과 어우 꺼는 결혼을 했고 얼마 지나지 않아 어우 꺼는 한 개의 커다란 알을 낳았어요. 거기에서 100명의 건강한 사내아이들이 태어나요. 그러나 서로 근거지가 다른 두 사람은 함께 사는 것이 무리임을

깨닫게 되고 어느 날 락 롱 꿘은 어우 꺼에게 따로 살 것을 제안했어요.

"나는 바다의 용이고 당신은 산의 신이오. 물과 불처럼 서로 융화가 안 되니 헤어집시다."

락 롱 꿘의 제안에 어우 꺼가 동의하여 각각 50명씩의 아이들을 데리고 헤어집니다. 락 롱 꿘은 50명의 아들을 데리고 바다로 갔고, 어우 꺼 역시 50명의 아이들을 데리고 산으로 가지요. 어우 꺼를 따라 산으로 간 50명의 아들 중 가장 강했던 이가 왕이 되어 베트남 최초의 국가인 반랑 국을 세웁니다. 어우 꺼 여신의 직계 후손이 베트남 최초의 국가를 세운 거지요. 오늘날 베트남의 민족이 50여 개가 되는 것은 어우 꺼가 데리고 온 하나하나의 아들들이 각 부족의 시조가 되어서라고도 해요.

어때요, 베트남의 신화도 한국의 신화처럼 재미있죠? 이 신화는 베트남이 처음 세워질 때부터 해양 문화와 대륙 문화가 결합한 것을 드러냅니다.

또, 베트남에 자주 일어나는 홍수에 관한 신화도 있습니다. 베트남에서는 우기 때 집중적으로 비가 내리면서 홍수가 자주 일어나는데, 옛날 베트남 사람들은 산정(山精)과 수정(水精) 신화로 홍수를 설명했지요.

산정은 락 롱 꿘을 따라 바다로 들어갔던 아들인데, 그 뒤 딴비엔 산에 들어와서 살게 됩니다. 그에게는 수정이라는 친구가 있었는데 두 사람은 베트남을 세운 홍 부엉(어우 꺼 여신의 후손)의 딸을 두고 동시에 청혼하게 됩니다. 왕은 결혼 예물을 먼저 가져오는 자에게 딸을 주기로 약속했죠. 산정이 준비가 빨라서 딸과 결혼하여 산으로 돌아갑니다. 이에 화가 난 수정은 홍수를 일으켜 산정을 공격하지만 실패합니다. 이후로도 수정은 걸핏하면 산정을 공격하는 바람에 베트남에 홍수가 자주 일어난다고 하지요.

이 신화는 델타 지방에서 우기 때마다 일어나는 홍수의 기원을 설명하기도 하고, 바다로부터 실제로 외적이 침략해서 전쟁이 벌어졌다는 것을 뜻하기도 하지요.

이렇듯 베트남에는 여러 신화가 전해져서, 베트남 사람들의 시조가 누구였는지, 자연 현상이 어떠했는지를 이야기해 줍니다.

베트남에는 다양한 민족들이 서로 싸우기도 하고 연대하기도 하면서 살아왔습니다. 그중 베트남의 대표적 민족인 비엣 족은 원래 북쪽의 홍 강을 중심으로 살면서 차츰차츰 남쪽으로 이동하면서 세력을 넓혀 갑니다. 그 과정에서 참 족과 크메르 족을 합병하게 되지요.

그럼 참 족과 크메르 족은 또 누구일까요? 참 족은 베트남 중부 지역에서 참파 문화를 이루며 오래 살았던 사람들입니다. 그러나 비엣 족이 남진을 시작하면서 참 족은 쇠퇴하게 됩니다. 특히 15세기에 수도가 점령당한 후부터는 비엣 왕국의 보호령이 되고, 17세기 말 이후에는 완전히 멸망하지요. 현재 참파 왕국의 후예들은 중부 일부 지역에 소수 민족으로 살아가고 있을 뿐이지만 그들이 남긴 문화 유산들은 아직도 호이안을 비롯한 곳곳에서 찾아볼 수 있어요.

비엣족은 이들의 땅을 정복해 가면서 그 세력을 넓혀 마침내 전 베트남에 걸쳐 살게 됩니다. 그리하여 마침내 비엣 족의 나라 비엣남 즉, 베트남을 세우게 된 거지요. 베트남이 지금의 영토를 확정하게

되는 건 19세기가 되어서입니다. 그러니까 한국이 지도상에 지금의 영토로 그려지는 게 조선 세종조 이후의 일인 것과 마찬가지죠.

크메르 족은 메콩 강 유역이 캄보디아의 영토였을 때 그곳에 살던 캄보디아 인들의 후예입니다. 이들은 메콩 델타 지역에 캄보디아 양식의 사원을 짓고 그 주변에 촌락을 형성하고 살고 있었는데, 비엣 족이 점점 남쪽으로 세력을 넓혀 가면서 흡수되지요. 오늘날 베트남의 대표 도시인 호찌민 시가 캄보디아로부터 베트남의 영토로 편입된 것은 불과 200여 년밖에 되지 않아요. 그 전에는 크메르 족의 영토였습니다.

이런 과정을 겪으며 현재는 54개의 민족이 베트남이라는 국가 안에서 어울려 살아가고 있습니다. 그러다 보니 언어도 54개나 되지요. 베트남에서 소수 민족의 인구 비율은 베트남 전체 인구의 13퍼센트에 달하는데, 크메르 족을 제외한 나머지 대부분의 소수 민족은 주로 남·중·북부의 산악 지역이나 국경 지역에 거주하고 있습니다. 이들은 농사를 짓거나 캄보디아, 라오스, 중국 국경을 넘나들며 장사를 하는 경우가 많지요. 이들 소수 민족 중에는 중국인들인 화교도 있습니다. 베트남 54개 민족 중에서 인구수로 보면, 네 번째에 해당되고 베트남 전체 인구의 1.3퍼센트에 속하지요. 화교들은 도시를 중심으로 생활하면서 주로 상업 활동을 합니다.

최근 호찌민과 하노이에는 한국 사람들도 많이 들어와 살고 있습니다. 그 수가 10만 명을 넘어서고 상업 활동도 활발히 하고 있다고 해요. 혹시 또 모르죠. 장차 한국인들도 베트남의 소수 민족이 되어 살아갈지도요.

한 나라 안에서 많은 민족들이 어울려 사는 건 쉬운 문제가 아닙니다. 어느 한쪽이 다른 한쪽을 자기 쪽으로 억지로 동화시키거나 억압한다면 반드시 문제가 생기게 마련이지요. 다양성 속에서 서로의 문화를 존중할 때 세상은 평화롭게 유지됩니다. 그래서 베트남 정부는 소수 민족들이 자신들의 언어를 배우는 것을 인정합니다. 물론 베트남 어도 공식 과목에 넣어 함께 가르치고 있지요.

소수 민족은 한편으론 자신들의 고유 문화와 역사를 유지하면서

전통 의상을 입은 소수 민족 아이들

베트남의 시조는 락 롱 꿘과 어우 꺼

한 소수 민족의 학교. 소수 민족의 전통 모자를 쓰고 있다.

도 한편으론 베트남 사람이라는 정체성도 가지고 있는, 경계에 있는 사람들입니다. 경계인은 양쪽을 자유롭게 넘나들 수 있는 사람들이지요. 아니, 소수 민족들은 그 경계에 구멍을 내는 사람들일 수도 있겠습니다. 구멍이 많으면 많을수록 이쪽과 저쪽을 자유롭게 왕래할 수 있겠죠.

별이도 어쩌면 경계인일 수 있습니다. 베트남 인 엄마와 한국인 아빠 사이에서 태어난 별이는 양쪽의 문화와 역사를 몸속에 고스란히 가지고 있습니다. 그건 장점이 될 수 있지요. 그 장점을 잘 활용해서 베트남과 한국 사이에서 훌륭한 다리 역할을 할 수 있는 사람이 되기를 바랍니다. 자, 사회 수업은 이것으로 마치도록 할게요.

어땠어, 별아? 재미있었어? 너희 한국에도 이제는 외국인들이 많이 들어와 살지? 한국은 옛날부터 한민족으로 이루어진 단일 민족 국가라고 가르치고 배운다고 들었어. 하지만 최근엔 베트남 사람, 중국 사람, 우즈베키스탄 사람, 필리핀 사람이 많이 들어와서 살잖아? 그리고 우리 이모처럼 외국에서 온 사람들과 결혼한 사람들도 많고, 그 사이에서 태어난 아이들도 많지.

그래서 별이는 베트남 사람이기도 하지만, 한국 사람이기도 해. 별이처럼 두 개의 나라 사이에서 태어나는 아이들이 많아지면 많아질수록, 한국도 점점 다민족 국가가 되겠지? 그때 별이도 베트남 사람으로서, 또 한국 사람으로서 자부심을 갖고 살았으면 좋겠어. 너는 하늘에서 내려온 천신의 후예인 단군의 자손이자, 해신 락 롱 꿘과 산신 어우 꺼의 자손이기도 하니까!

나의 든든한 뿌리인 엄마에게

　엄마, 나는 한 나라엔 한 민족만 사는 줄 알았는데 여러 민족이 한 나라에서 사는 다민족 국가라는 것도 있네요. 베트남도 다민족 국가예요.
　솔직히 말하면 말이죠, 나는 학교에서 우리나라, 그러니까 한국이 '단일 민족 국가'라는 걸 배울 때마다 기분이 조금 이상했거든요. 나는 한국 사람과 베트남 사람 사이에서 태어났으니 한국인도 아니고 베트남인도 아니잖아요. 그러니 나는 '단일 민족'에 속하지 못하잖아요.
　언젠가 한 번 엄마도 한국 사람이었으면 좋겠다는 내 말에 엄마가 슬픈 표정을 짓던 게 생각나요. 그때 엄마는 숲에는 한 가지 나무만 사는 것이 아니라 여러 종류의 나무들이 함께 어울려 산다고 말했었지요. 키가 큰 나무와 작은 나무, 그 나무들을 타고 올라가는 담쟁이 덩굴과 나무 그늘 아래서 자라는 버섯까지 서로 어울리면서 사는 게 숲인 것처럼, 베트남 사람인 엄마도, 베트남 사람과 한국 사람의 중간인 나도 한국이라는 나라에서 어울려 살면 된다고요.
　그렇지만 때때로 교과서를 보고 있노라면 외국에서 건너와 뿌리를 내리려는 엄마에게도, 그 뿌리에서 태어난 나에게도 자꾸 한국의 토종 나무가 되라고 하는 거 같아 힘들 때가 있어요. 다르다는 건 때때로 불편한 일인 거 같아요. 부모가 모두 한국 사람인 아이들 틈에서 나는 '다른' 사람이에요.

하지만 불편한 것이 나쁜 건 아니라는 걸 베트남에 와서 알아 가고 있어요. 내 안에 베트남이 있는 걸 발견하고 있는 중이에요. 나는 단군의 자손이기도 하지만, 락 롱 꿘과 어우 꺼의 자손이기도 하다는 걸 알게 되었어요.

두 개의 뿌리에서 태어난 별이 올림.

2 단결과 저항의 역사

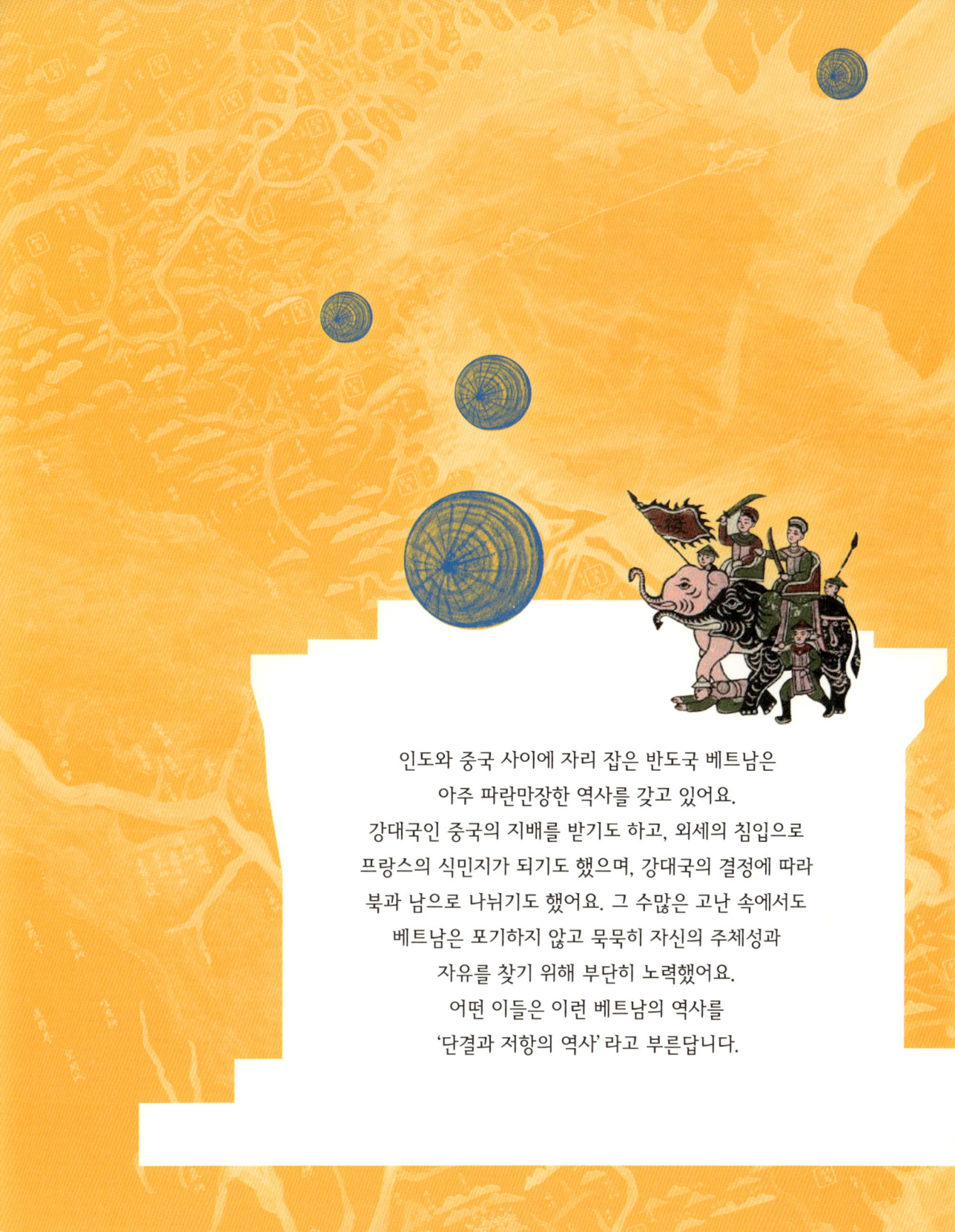

인도와 중국 사이에 자리 잡은 반도국 베트남은
아주 파란만장한 역사를 갖고 있어요.
강대국인 중국의 지배를 받기도 하고, 외세의 침입으로
프랑스의 식민지가 되기도 했으며, 강대국의 결정에 따라
북과 남으로 나뉘기도 했어요. 그 수많은 고난 속에서도
베트남은 포기하지 않고 묵묵히 자신의 주체성과
자유를 찾기 위해 부단히 노력했어요.
어떤 이들은 이런 베트남의 역사를
'단결과 저항의 역사'라고 부른답니다.

베트남 첫 독립의 주역 쯩 자매 이야기

자, 오늘부터는 본격적으로 관광을 해 보자. 에헴, 그럼 지금부터 투어 가이드의 이야기를 잘 들어 주시기 바랍니다.

베트남에서는 길 이름만 잘 알아도 역사를 알 수 있어. 무슨 말이냐고? 베트남에서는 길 이름에 위인의 이름을 따서 붙이곤 해. 한국에도 그런 길 이름이 있다며? 서울 을지로는 을지문덕 장군을, 충무로는 충무공 이순신 장군을, 세종로는 세종 대왕을, 도산로는 도산 안창호 선생을 기린 이름이라고 들었어.

베트남 역시 길에 위인들의 이름을 붙인 경우가 많아. 대표적인 경우가 '하이 바 쯩' 거리야. 하이 바 쯩이라는 사람이 있었냐구? 그건 아니야. 하이 바 쯩은 '두 명의 쯩 부인'을 뜻해. 잘 들어 봐. 하이가 둘, 바가 부인, 쯩이 사람 이름인 거지. 그러니까 하이 바 쯩 거리는 두 명의 쯩 부인을 기리는 길 이름인 거야. 호찌민 시의 중심부 길 이름이 된 이 쯩 부인들은 베트남의 독립을 위해 싸운 유명한 자매를 말해.

베트남은 원래 중국의 남부에서 이주해 온 비엣 족을 중심으로 이루어진 나라라고 말했지? 이들은 북부를 가로지르는 홍하 델타를 중심으로 번성하고 인구가 늘어나자 계속 남쪽으로 영토를 넓혀 가고 있었어. 앞에서도 말했듯이 당시 베트남의 중남부 해안에는 참 족이 살았고 북부 산악 지역에는 소수 민족들이 사는 상태였지.

이때, 늘 주변의 이웃 나라들을 정복할 기회를 호시탐탐 노렸던 중국은 한나라 무제 때, 군대를 보내어 기원전 111년에 베트남을 중국의 속국으로 만들어 버렸어. 무제는 베트남을 정복해서, 베트남에서 나는 진귀한 남방의 물자를 가져오고 싶어 했지. 그러다 보니, 베트남을 다스리기 위해 중국에서 파견된 관리들은 베트남의 물자를 쥐어짰

한나라 7대 황제인 무제는 한나라의 전성기를 이끈 황제로, 해외 원정을 통해 넓은 영토를 정복했다.

고, 이는 베트남의 저항을 불러일으켰어. 물론 한편으로는 중국의 발달된 선진 기술들, 이를테면 소를 이용한 경작법과 철제 농기구의 사용법 등을 알려 주어서 주로 화전 농업과 수렵으로 삶을 꾸려 가던 주민들에게 보다 많은 수확을 할 수 있도록 도와주었지. 하지만 수확량이 늘어나면 뭐 해? 그렇게 해서 생산된 농산물은 다시 중국 관리들이 다 가져갔는데. 열심히 일하고도 늘 빼앗기는 게 식민지 백성의 운명이잖아.

중국의 지배를 받기 시작하고 200여 년이 흐른 뒤(지금으로부터 약 2,000년 전 일이야.) 베트남 북쪽 마을을 다스리는 쯩 집안에 여자 아이 둘이 태어났어. 언니 쯩 짝과 동생 쯩 니는 사이좋은 자매로, 언제 어디에서나 붙어 다녔지.

쯩 짝과 쯩 니는 북베트남 지역 영주의 딸로 자라면서 중국의 괘씸한 모습들을 보고 듣게 되었지. 언니 쯩 짝은 말재주가 뛰어나고 자신감 넘치는 여자로 자라나, 그 지역의 세력 있는 남자 티 삭과 결혼했어. 결혼한 이후에도 동생인 쯩 니와는 단짝으로 지냈지.

쯩 짝의 남편 티 삭은 당시 베트남의 독립 운동가였어. 주변의 영주들을 모아 중국을 몰아낼 비밀 계획을 세우기 시작했지. 물론 쯩 짝도 그와 함께 했지. 비밀 계획은 은밀하고 조용히 진행되었으나, 발각되고 말았고 티 삭은 중국군에게 잡혀가 처형되었어. 남편의 목이 성 밖에 내걸린 것을 본 쯩 짝은 슬프고 분노했지만, 이것이 그저

자기 혼자만의 불행이 아니라 나라를 빼앗긴 베트남 사람들 전부의 불행이라는 것을 깨달았어.

쯩 짝은 동생 쯩 니와 함께 중국과 싸울 사람을 찾기로 했어. 그리고 사람들의 지지를 얻으려면 먼저 자신들의 용기와 지혜를 보여 주어야 한다고 생각하고 사나운 호랑이를 잡기로 했어. 연약한 여자들이 호랑이를 잡으면 사람들은 아주 놀라겠지. 그런 한편으로는 사람을 해치는 호랑이를 잡아 사람들의 근심 걱정을 덜어 주었으니 고마워할 테고. 그리고 이에 대한 소문이 퍼지면 자매의 능력도 저절로 알려질 테니까 말이야.

자매는 죽기를 각오하고 메린의 무성한 수풀 속으로 들어갔고 마침내 호랑이를 잡는 데 성공했어. 두 사람은 호랑이 가죽 안쪽에 중국에 맞서 싸우자는 편지를 써 붙이고, 북쪽부터 남쪽까지 내려가면서 사람들에게 호소했어.

사람들은 감동했지. 호랑이를 잡을 정도로 뛰어난 지혜와 용기, 꺾이지 않는 의지와 강인함을 본 베트남 사람들은 쯩 자매에게 협력하기로 했어. 드디어 중국에 대항하기로 모두 마음을 합친 거야.

쯩 자매는 함께 나란히 코끼리에 올라 전투를 직접 지휘했어. 그들의 어머니와 임신 중이던 여성까지 포함해 용감하고 지혜로운 36명의 지휘관이 결성되고 그 아래 8만의 군사들이 모여들었지. 그들의 사기는 하늘을 찌를 듯했어.

그들은 용감하게 중국군에 맞섰어. 쯩 자매가 이끄는 전투는 계속 승전고를 울리며 65개 성을 되찾았고, 중국의 착취에 고통받던 베트남 사람들은 독립을 되찾았지. 용맹하고 따뜻한 여성 장수들이 지휘하는 베트남 군대는 용감하게 싸워 마침내 중국을 몰아냈어. 독립군들은 나라를 되찾았고, 베트남 사람들의 열렬한 환호 속에서 언니 쯩 짝은 '여왕 쯩' 이라는 뜻의 '쯩 부옹' 이라는 새 이름을 얻었어.

용감한 쯩 자매는 해방된 베트남을 3년 동안 함께 다스리면서 중국이 강제로 걷었던 무거운 세금을 없애고 평화로운 나라를 만들기 위해 애썼어. 쯩 여왕은 제각기 다른 전통을 가진 여러 부족들이 서로 존중하도록 하는 법을 마련하는 것은 물론, 중국으로부터 영토를 지키는 일에도 만전을 기했지. 메린에 있는 쯩 자매의 본부이자 두꺼운 벽으로 둘러싸인 '세 연못 요새' 는 모르는 사람이 없을 정도였어.

한편, 베트남의 독립 운동 때문에 식민지를 잃은 중국 황제는 당연히 화가 단단히 났지. 후한의 광무제는 베트남을 다시 정복하려고 대규모의 군사들을 보냈어. 엄청난 숫자의 중국군은 베트남 군을 밀어붙이기 시작했

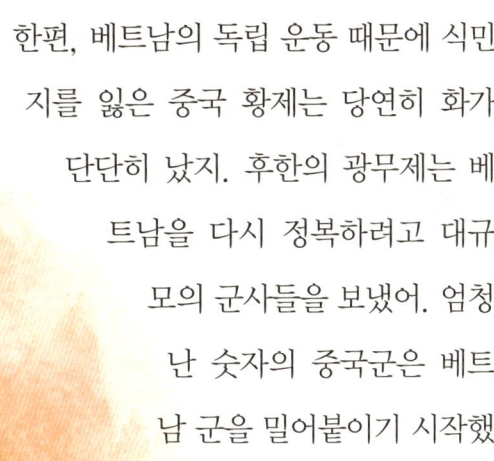

베트남 첫 독립의 주역 쯩 자매 이야기

고 쯩 자매는 다시 전투에 나서야 했어. 베트남 사람들은 다시는 지배당하지 않겠다는 생각으로 맞섰지만, 중국의 거대한 힘 앞에서는 힘에 겨울 수밖에 없었어.

결국 쯩 자매는 오늘날의 하노이 부근에서 중국과 최후의 전투를 치르지만 패하고 말았지. 하지만 쯩 자매는 죽어도 중국의 포로가 되거나 항복해서 치욕을 당할 수는 없다고 생각했어. 평생을 실과 바늘처럼 단짝으로 지내던 두 사람은 고향 근처의 강에 몸을 던져 스스로 생을 마감했어.

쯩 여왕의 죽음 후 베트남은 천 년 가까이 중국의 지배 아래 고통받다가 972년에 가서야 겨우 독립을 하게 돼.

쯩 자매를 위한 사당. 쯩 자매는 지금도 베트남에서 존경받는 영웅이다.

그러나 비록 3년이라는 짧은 기간의 독립이기는 해도 쯩 자매의 저항은 중국에 맞선 최초의 사건으로, 오늘날까지 베트남 사람들은 이들을 존경하고 있어. 쯩 자매는 세상을 떠났지만 그들의 용맹과 독립 정신은 길이길이 전해지고 있다고 할 수 있지. 지금도 베트남 곳곳에 쯩 자매를 모시는 사당이 있고, 하노이에 있는 전쟁 박물관에는 쯩 자매 전시관도 있어. 해마다 봄이 오면 쯩 자매 기념일에 축제를 벌이고, 쯩 자매와 관련한 시와 노래, 연극 들을 만들고, 쯩 자매를 기념하는 우표도 발행해. 이걸 보면 베트남 사람들이 쯩 자매를 얼마나 존경하는지 알겠지?

쯩 여왕 이후 베트남은 오랫동안 중국의 속국으로 지내야 했어. 천 년 가까이 중국의 지배를 받는 동안 한편으론 저항하면서 한편으론 중국의 제도와 문화를 받아들이는 일이 동시에 일어났지. 중국과 가까운 북쪽이 중국 문화를 받아들이는 데 긍정적이었고, 남쪽은 중국의 지배와 문화를 거부하는 입장이 많았어.

아무튼 쯩 자매의 저항 이후 베트남 사람들의 역사는 저항과 단결로 굳어지게 돼. 중국을 물리친 이후에도 주변 국가들은 물론이고 프랑스와 미국에 이르기까지, 수많은 외세의 침략에 대항하기 위해 사람들은 단결하고 끈질기게 저항하지. 앞으로 베트남의 역사에 대해 알게 되면 이 점을 유념해서 봐. 내가 말하는 베트남 사람들의 저항과 단결이 어떤 것인지 알게 될 거야.

저항의 나라에서 온 엄마에게

　엄마, 베트남엔 사람의 이름을 딴 길 이름이 참 많아요. 오빠가 이야기해 준 하이 바 쯩, 그러니까 '두 명의 쯩 부인' 길 말고도 응우옌 티 민 카이 거리, 쩐 흥 다오 거리, 보 티 사우 거리, 응우옌 반 끄 거리처럼 사람들의 이름으로 길 이름을 만든 것이 참 많더라고요. 그리고 그 길 이름의 유래를 알아보면 베트남의 역사를 알게 되어서 참 재미있어요. 엄마도 이미 알고 있겠지만, 이번에 내가 조사한 것들을 들어 주세요.

　응우옌 티 민 카이는 베트남이 프랑스 식민지이던 시기에 프랑스에 대항해 독립 투쟁을 하다 31세의 나이에 죽은 여전사래요. 쩐 흥 다오는 세 차례나 몽골의 침략을 물리친 유명한 장군이고요, 응우옌 반 끄는 프랑스에 저항해 독립 운동을 벌인 사람이었대요. 보 티 사우 역시 프랑스에 맞서 싸운 여전사의 이름이래요. 독립 운동을 하다 잡혀 열여섯 살에 총살형을 언도받았다는 이 언니는 총살당하기 전 스스로 눈가리개를 풀었대요. 사랑하는 베트남을 끝까지 보고 죽자는 소망 때문에요.

    또 이 언니는 사형장으로 가는 길에 길가의 꽃을 꺾어 머리에 꽂았는데, 베트남 사람들은 이후부터 이 꽃을 평화의 꽃이라고 부른대요. 호아쓰라는 이 꽃을 엄마는 알겠지요.

    보 티 사우에 대한 이야기를 듣다가 문득 우리나라에도 유관순로가 있을까 생각했어요. 유관순 언니도 독립 운동을 하다 열아홉 살에 감옥에서 죽잖아요. 우리나라 독립 기념관에 가는 길에 본 듯도 싶은데 잘 기억이 안 나네요. 그러고 보니 한국에서 유명한 길들은 다 남자 위인들의 이름을 따서 지어진 것 같아요. 그동안 잘 몰랐는데 베트남에 와서야 생각해 보게 되었어요.

    나도 나중에 큰 사람이 되면 내 이름을 딴 길 이름이 생길까요? 별이로. 꽤 근사할 것 같지 않나요?

                          베트남의 길 이름에서 역사를 배우는 별이 올림.

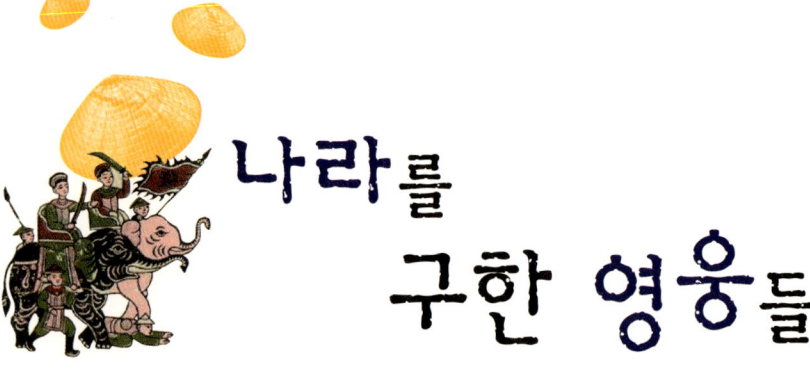

나라를 구한 영웅들

자, 이제 박물관으로 가 볼까. 저 동상은 누구의 것이냐고? 오, 좋은 질문. 여행을 할 때는 길거리에 세워진 동상들을 잘 보는 것도 중요해. 그 나라의 역사에서 중요한 일을 한 사람들을 동상으로 만들었을 테니 말이야. 저건 쩐 홍 다오 장군의 동상이야. 쩐 홍 다오는 중국과 세 번 싸워 세 번 다 이긴 아주 유명한 장군이거든. 이제 대충 감을 잡았겠지만 베트남의 역사는 그야말로 '단결과 저항의 역사'라고 할 수 있어.

천년 가까운 중국의 통치를 벗어나 마침내 베트남이 독립하게 되는 건 중국의 당나라가 멸망하면서 혼란에 빠진 때였어. 강력한 군사력을 바탕으로 화려한 문화를 꽃피운 당나라였지만, 이민족의 침략과 나라 안 귀족들의 반란, 환관과 외척들의 권력 다툼 등이 일어나면서 혼란에 빠져들었거든. 중국이 내부 사정으로 혼란스러운 틈을 타서, 응오 꾸엔이라는 장군이 바익당 강에서 중국군을 크게 무찌르고 베트남 최초의 국가를 세우지. 하지만 불행히도 이 시기가 마냥 평화롭지는 않았어. 그 뒤로 베트남에서는 많은 국가들이 우후죽순처럼 생겨났다가 금방 사라졌거든. 이 시기

당시 세계 최강의 군대였던 몽골 군을 세 차례나 막은 쩐 흥 다오 장군의 동상

는 너무 많은 왕조가 나오기 때문에 나도 다 외우지 못해.

이때를 한국 역사에 비춰 보면 아마 한국이 고려, 조선을 거치는 시기일 거야. 너희는 '태정태세문단세' 이런 식으로 왕의 순서를 외운다면서? 베트남도 응오 꾸엔이 세운 응오 왕조로부터 시작해 딘 왕조, 레 왕조, 리 왕조, 응우옌 왕조로 계속 왕조들이 이어져.

안타까운 건 독립은 했지만 중국의 침략은 계속 이어졌다는 거야. 크고 강한 나라와 국경을 맞대고 살았던 베트남의 필연적 운명이기도 했지. 중국과 가까이 있었기 때문에 농사법이나 금속 제련법 등 여러 선진 기술들을 전수받을 수 있었던 것은 사실이지만, 한편으론 끊임없이 침략에 시달려야 했어. 틈만 나면 침략하는 중국 때문에,

 나라를 구한 영웅들

베트남은 싸우기도 하고 외교로 해결하기도 하면서 나라를 지키려고 많은 노력을 해 왔지. 그런 여러 노력 속에서 쩐 흥 다오 장군은 아주 빛나는 성과를 거둔 인물이야.

리 왕조의 뒤를 이어 쩐 왕조가 들어섰을 때, 당시 중국은 몽골 족의 전사 칭기즈 칸의 후예가 세운 원나라가 통치하고 있었어. 이들은 베트남뿐만 아니라 아시아를 넘어 유럽까지 침략하면서 영토를 넓혀 가지. 당시 세계에서 가장 넓은 영토를 차지한 것이 원나라였어.

한국도 이 시기에 원나라의 침략을 받았다지? 내가 알기론 삼별초

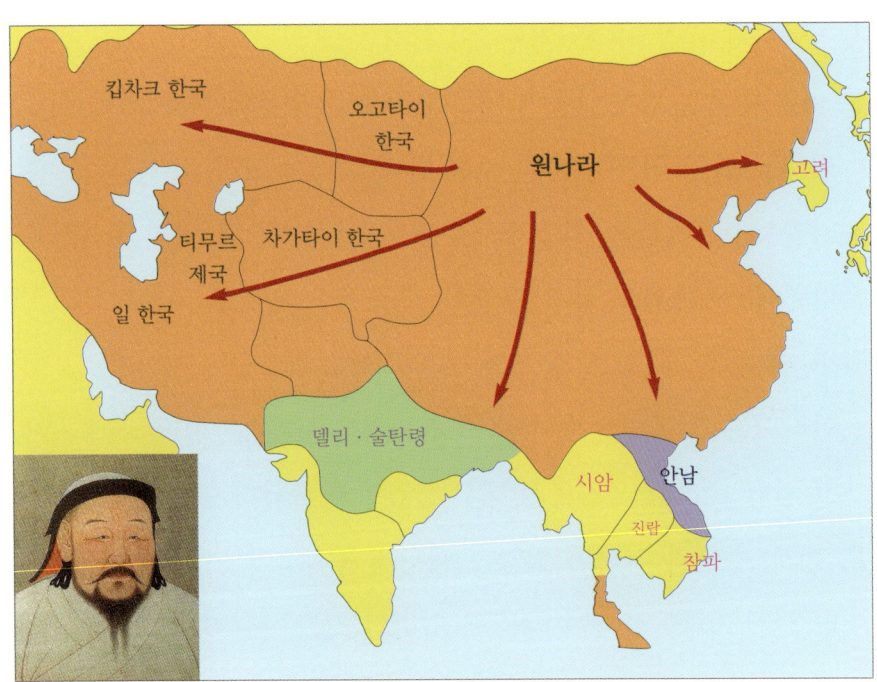
한때 지상에서 가장 넓은 영토를 정복했던 원나라와 원나라를 키운 쿠빌라이 칸

의 항쟁 같은 게 다 원나라에 대항했던 싸움이었다고 알고 있어. 고려가 몽골에 맞섰던 것처럼 베트남 사람들도 몽골의 침입에 저항하지. 1257년에 있었던 원나라의 1차 침입은 당시 원나라의 황제 쿠빌라이가 남침하면서 시작되었어. 이때 원나라 군과 맞선 뛰어난 장수가 바로 쩐 흥 다오야.

그는 훌륭한 전략가였어. 적이 강하면 퇴각하여 기회를 엿보고 적이 빈틈을 보이면 즉각 공격하는 게릴라전을 펼쳤지. 원나라 군의 숫

자가 너무 많으니까 정면으로 싸우기보다는 자신들에게 유리하도록 현명하게 싸우는 방법을 택한 거야. 이런 전략은 나중에 베트남이 프랑스와 미국에 대항한 전쟁에서도 사용되었단다. 아무튼 이런 전략으로 쩐 흥 다오는 그 무섭다는 원나라 군대를 무려 세 번이나 물리쳐. 베트남의 곳곳에 그의 이름을 딴 거리가 있을 만하지 않니. 그렇게 쩐 흥 다오 장군은 승리했지만, 중국과의 항전에 너무 힘을 쓴 탓에 쩐 왕조는 결국 얼마 못 가서 망하고 말아.

쩐 왕조의 뒤를 이어 호 왕조가 들어서지만, 다시 중국의 침략을 받아 식민지가 되고 말았어. 당시 베트남의 호 왕조는 참파 왕국을 공격했는데, 참파 왕국이 중국에 도움을 요청하자, 중국의 명나라가 이를 돕는다는 명목으로 베트남에 쳐들어온 거였어. 1406년 국경을 넘어 베트남을 침략한 명나라는 2개월 만에 호 왕조의 수도를 점령

명나라는 참파 왕국을 돕는다는 이유로 베트남을 침략한다.

하고, 베트남의 이름을 다시 '교지'라고 바꾸지. 이는 베트남에게 아주 모욕적인 명칭이야. 교지란 '발가락'이란 뜻이거든. 그러니까 베트남을 중국의 발가락으로 생각한다 이거였지. 중국이 베트남 지역을 야만적인 나라로 보고 얕잡아 보는 뜻에서 교지라고 이름 붙인 것은 무려 한나라 때부터였으니 새삼스러울 것도 없지만, 당당한 한 국가로 일어선 뒤에도 그랬으니 정말 모욕이 아닐 수 없었어.

뿐만 아니라 중국은 베트남을 중국과 동화시키려고 많은 정책을 폈어. 중국 제도를 따라 해라, 글자는 한문만 써라, 말은 중국어를 쓰도록 해라 등등. 뭐? 너희 한국에서도 일본의 식민지가 되었을 때 일본이 저런 정책을 썼다고? 남의 나라를 식민지로 삼으면 다 똑같은 생각을 하나 봐. 어쩌면 저렇게 자기들 제멋대로인지 말이야.

아무튼 베트남 사람들은 순순히 이런 정책에 따르지 않았어. 여러 지방에서 저항 운동을 해 나갔지. 특히 타인호아 지방에서 군사를 일으킨 '레 러이'는 10년 동안이나 싸우다 마침내 명나라 군을 크게 물리치고 1427년 베트남을 독립시키지.

그리고 이듬해 왕으로 즉위하여 나라 이름을 다시 '다이 비엣(대월)'이라 정하고 새로운 레 왕조를 세워. 앞에 레 왕조가 한 번 있었기 때문에 우리는 그것과 구분하여 이를 후기 레 왕조라고 불러. 그러나 중국과 싸워 독립을 쟁취한 후기 레 왕조는 모순되게도 지나치게 중국의 문물을 많이 받아들이고 말아. 제도는 물론이고 의복이나

다시 베트남을 독립시킨 레 러이의 동상

관습도 중국풍을 따랐어. 지배층이 지나치게 중국식을 따르다 보니 백성들의 마음이 떠나기 시작했지. 오랫동안 중국의 지배를 받으면서 중국을 싫어하던 사람들과, 친중국적 상류 계층으로 완전히 패가 갈리고 말았어. 1771년 중국을 지나치게 따르는 레 왕조를 못마땅해하던 떠이선의 반란이 일어나. 이 난은 30년이나 계속되었고, 마침내 1789년 결국 레 왕조는 멸망하고 말았지.

1789년! 별이는 이 연도를 듣고 뭐 생각나는 거 없니? 그렇지. 프랑스 대혁명이 일어났던 해야. 프랑스 대혁명도 귀족들의 지나친 귀족 중심의 지배에 민중들이 스스로의 권리를 찾아 일으킨 혁명이었잖아. 그러고 보면 이 18세기는 동서양을 막론하고, 민중의 마음을 몰라 주던 지배층에 대한 반란이 일어나던 시기였던 거 같아.

아무튼 이후로도 막 왕조, 남북 분립기, 떠이선 왕조가 베트남을 통치하지만 모두 오래 가지 못하고 금방 무너져. 그리고 1802년, 베트남의 마지막 왕조인 응우옌 왕조 시대가 시작돼.

응우옌 왕조는 처음 시작 때부터 프랑스 선교사의 도움을 받아.

그 당시 베트남에는 이미 프랑스 선교사가 들어와 있었지. 떠이선 반란군 때문에 생명이 위태로웠던 응우옌 푹 아인은 프랑스 용병 300명과 그를 지지하는 세력을 등에 업고 떠이선 세력을 격파해. 그리고 1802년 응우옌 왕조를 세우고 점차 영토를 넓혀 나가지. 당시 메콩 델타 지역에 이주해 살고 있던 중국 이주민들은 응우옌 왕조가 베트남의 남쪽을 장악할 수 있도록 도왔어. 응우옌 왕조는 새로 얻은 땅에 비엣 족을 이주시켰지.

비엣 족은 새로운 터에 농지를 개간하면서 원래 살고 있던 크메르 족을 서서히 압박해 나갔어. 또, 응우옌 왕조는 이 시기에 캄보디아를 공격하여 메콩 강 지류를 포함하는 땅을 베트남의 영토로 만들었지. 이로써 마침내 오늘날의 베트남 영토가 확보되었어.

그러는 한편, 응우옌 왕조는 왕권을 세우는 데 큰 공로를 세운 프랑스 상인들에게 여러 가지 특혜를 주었어. 그러나 2대 황제인 민 망은 프랑스 사람들을 의심하기 시작했어. 베트남의 각 지방에서 반란이

오늘날 베트남의 국경선은 응우옌 왕조 때 완성되었다.

나라를 구한 영웅들

일어났는데, 그 배후에 프랑스 사람들을 비롯한 외국인들이 있는 게 아닐까 의심한 거야. 그는 프랑스 신부들을 박해했고, 나중에는 프랑스인 신부는 물론, 베트남의 가톨릭 성직자들까지 참형에 처해 버리고 말지.

이렇게 되자 이번에는 프랑스가 들고 일어났어. 사실 프랑스는 벌써부터 중국으로 진출하고 싶어 했고, 그 통로로 베트남을 찍어 두고

있었거든. 바다와 닿아 있어서 항해길로 가기 좋고, 중국과 육지로 맞붙어 있으니 말이야. 그런데 베트남에 간섭할 좋은 이유가 생기자, 망설일 이유가 없었지. 프랑스는 당장 군대를 이끌고 베트남을 공격했어. 우수한 무기로 무장한 프랑스 군대는 베트남을 손쉽게 정복했지.

이로써 응우옌 왕조는 오늘날의 베트남 모습을 갖추는 데 큰 역할을 했지만, 마찬가지로 권력을 얻기 위해 다른 나라를 끌어들이는 것이 얼마나 무서운 일인지 또한 똑똑히 보여 주었단다.

사실 세계 곳곳에서 이와 비슷한 일들이 일어나던 때였어. 서구의 열강 세력들이 갖은 핑계를 대며 아시아를 넘보던 때였거든. 어떻게 보면 한국이나 중국이 서양 열강들의 이해 관계에 따라 고통받았던 것처럼 베트남 또한 그랬던 것이지.

여러 가지 이름을 가진 나라에서 온 엄마에게

엄마, 동네 할머니나 할아버지 들이 엄마를 종종 월남댁이라고 부르잖아요. 그리고 지난번에 우리 가족이 베트남 음식점에 갔을 때 월남쌈도 있었잖아요. 내가 엄마한테 왜 베트남을 월남이라고 하는지 물어봤는데 엄마도 대답을 잘 못했잖아요. 그런데 이번에 알았어요.

19세기 초에 베트남을 통일한 응우옌 왕조의 첫 번째 왕인 응우옌 푹 아인, 가륭제는 나라 이름을 남월로 하기로 하고 청나라에 이를 청했대요. 여전히 중국의 힘을 무시할 수가 없었던 때였으니,

중국으로부터 인정받기 위해서였죠. 그런데 청나라는 이미 중국 내에 남월이란 나라가 있으니, 글자의 앞뒤를 바꾼 월남이라고 하는 게 어떠냐는 제안을 했대요. 가륭제도 이것을 승락하여 1804년 새로 통일한 나라의 이름을 월남으로 정했대요. 그리고 엄마, 언젠가 할머니가 베트남 쌀을 안남미라고 했잖아요. 한국의 쌀알보다 길쭉하고 찰기가 없는 쌀을 그렇게 불렀어요.

    그것 역시 베트남 역사와 관련 있는 말이었어요. 중국이 베트남을 통치하는 천 년 가까운 세월 동안, 베트남을 다스리기 위해 베트남에 안남도호부라는 기관을 설치했죠. 그 이후부터 중국 사람들은 베트남을 안남이라고 불렀고, 한국 사람들도 이를 따라 안남이라고 불렀던 거예요. 그리고 베트남에서 들여온 쌀도 안남미라고 불렀고요.

    이제 월남쌈과 안남미의 어원이 무엇인지 이 기회에 알게 되었어요. 엄마 딸이 점점 똑똑해지는 거 같아 몹시 기쁘지요?

오늘도 월남쌈을 잔뜩 먹은 별이 올림.

프랑스 식민 시대

자, 여기가 호찌민 시내의 중심이야. 저 건물이 성모 마리아 성당, 그 옆이 중앙 우체국, 그리고 저 너머가 오페라하우스야. 어딘지 동양식 건물이라기보다는 서양식 건물 같다고? 그래, 맞아. 저 건축물들은 다 베트남이 프랑스 식민지였을 때 지은 것들이야. 프랑스가 베트남을 침략해 100여 년 동안이나 식민지로 지배하거든. 그래서 베트남의 곳곳에는 프랑스의 흔적들이 많이 남아 있어.

베트남에 유럽 인들이 오기 시작한 건 16세기부터야. 이 시기에 무역항이던 호이안과 북베트남의 홍옌에는 포르투갈, 네덜란드, 중국, 일본, 동남 아시아의 상인들이 몰려들었어. 중국인이나 일본인은 이곳에 거류지(조약에 따라 한 나라가 영토의 일부분에 외국인이 거주와 영업을 하도록 허락한 지역)까지 가지고 있었지. 이들은 주로 무역을 하는 사람들이었어. 호이안엔 지금도 그 흔적들이 남아 있단다.

무역 상인의 뒤를 이어 16세기 중엽부터는 선교사들이 베트남에 들어왔어. 17세기에는 예수회 신부들도 들어왔지. 베트남에서는 처음에는 이들의 방문을 반겼어. 하지만 가톨릭에서는 조상께 제사를 지내는 풍습을 금지하잖아. 그 때문에 충과 효를 중요시하는 유교 이념으로 나라를 다스리는 베트남 정부로서는 이들이 점점 못마땅해질 수밖에 없었지.

결국, 많은 프랑스 신부와 선교사들이 아직 베트남의 영토가 되지 않은 남베트남과 캄보디아로 추방돼.

베트남 왕조가 탄압했지만, 프랑스 선교사들은 꿋꿋이 포교에 전념했어. 17세기 말에는 베트남 내의 정치 문제에도 개입할 정도로 그 세력이 커졌지. 특히 응우옌 왕조를 세울 때는 떠이선의 난을 진압하는 데 군사적 도움까지 주었거든.

위에서부터 성모 마리아 성당, 호찌민 중앙 우체국, 호찌민 오페라하우스. 프랑스 식민지 시대에 지어진 것으로 프랑스 풍의 건물 양식을 따르고 있다.

프랑스 식민 시대

이리하여 1802년에 응우옌 왕조가 세워지자, 나름 공을 세웠던 프랑스 선교사들은 자유롭게 가톨릭을 포교할 수 있게 되었지. 그 덕분에 19세기 중반에 베트남의 가톨릭 교도는 약 46만 명으로 늘어났어. 그런데 가톨릭 교도의 세력이 점점 커지자, 응우옌 왕조는 이를 점차 경계하기 시작해. 결국 응우옌 왕조는 이들을 탄압하기 시작하지. 1840년에서 1860년까지 유럽인 선교사 25명이 살해되고, 베트남 성직자들 300여 명도 죽임을 당해. 뿐만 아니라 2만 명의 신도가 목숨을 잃고 그들이 살던 마을도 완전히 파괴되었어.

이런 탄압은 프랑스가 베트남을 침략할 결정적인 구실이 되었어. 프랑스는 베트남 왕조가 천주교를 박해하고 프랑스 선교사를 살해했다며, 1858년 8월에 전함 15척, 군사 1,500명으로 베트남을 침공하지. 여기서 잠깐 왜 프랑스가 베트남을 침공했는지 알아볼까? 단순히 프랑스 인 선교사가 죽은 것 때문에 프랑스가 군대를 이끌고 동양까지 온 것은 아니었어. 그 뒤에는 식민지 쟁탈이라는 프랑스의 야욕이 숨어 있었지.

더 많은 식민지, 더 많은 돈!

19세기는 유럽 열강들이 아시아, 아프리카, 아메리카 등을 식민지로 삼으려고 혈안이 되어 있던 시대였어. 이를 '제국주의 시대'라고 하는데, 제국주의란 경제적, 정치적, 군사적인 힘을 이용해서 상대방의 주권을 침해하거나 그렇게 하려는 의도를 가진 세력을 말하는 거야. 너무 어렵다고? 하하, 내가 찬찬히 말해 줄게.

우선 산업 혁명에 대해 알아볼까? 아, 산업 혁명에 대해 들어 본 적이 있다고? 맞아. 산업 혁명은 전 세계의 역사를 바꾼 현상이었으니까, 너희들도 알고 있을지 모르겠다. 그래도 내가 좀 더 자세히 설명을 해 줄게.

산업 혁명이란 말 그대로 산업에 혁명이 일어났다는 말인데, 이전까지 집에서 손으로 조물조물 물건을 만들었다면, 이제는 공장에서 많은 사람들이 모여 대량으로 물건을 만들게 되면서 사회 전체에 영향을 미친 것을 말해. 그렇게 된 데에는 기계의 발전이 큰 역할을 했

프랑스 식민 시대

지. 그 전에 옷 한 벌을 만들려면 2, 3일이 걸리곤 했지만, 재봉틀을 쓰면서부터는 하루에 10벌을 만들게 되었거든.

이렇게 물건을 대량으로 만들 수 있게 되니까, 물건이 남아돌게 되었고 사람들은 물건을 내다팔 수 있는 다른 시장을 궁리하게 되었지. 그때 식민지가 생각난 거야. 식민지란 힘 센 나라가 군대를 이끌고 들어가 그 나라를 정치적, 경제적으로 종속시키는 것을 말해. 전쟁이 잦아서 우수한 군대와 산업 혁명으로 풍부한 물자를 갖고 있던 영국과 프랑스 등은 일찌감치 아시아와 아프리카의 나라들을 식민지로 삼고 있었어. 식민지의 정치와 경제를 틀어쥔 강대국들은 식민

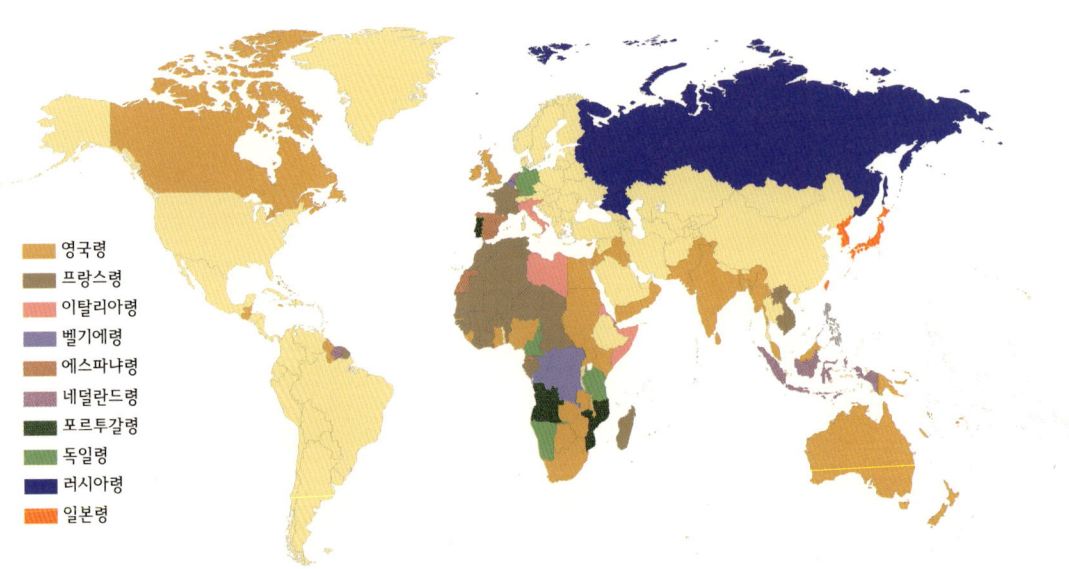

20세기 초의 세계 식민지 지도. 아프리카와 오세아니아, 아시아 대륙의 지도를 보면 거의 대부분이 유럽의 몇 개 나라에 의해 식민지화되었음을 알 수 있다.

지로부터 원료들을 값싸게 사들여서 물건을 만든 뒤, 다시 비싸게 팔아 어마어마하게 이익을 남기곤 했지. 그러다 보니 서양 강대국들은 너 나 할 것 없이 식민지를 차지하려고 혈안이 되었고, 나중에는 강대국끼리 서로 식민지를 더 갖겠다고 전쟁을 벌이기까지 했어.

그 전쟁이 나중에 크게 폭발한 것이 바로 제1차, 제2차 세계 대전이었어. 이 당시 세계는 제국주의 국가와, 이들에게 점령당한 식민지로 딱 나뉠 지경에 이르렀어. 그런 상황 속에서 베트남 또한 프랑스의 먹음직한 식민지 후보였던 것이지.

우수한 무기와 경험 많은 군대를 앞세운 프랑스는 1862년 뜨 득 황제의 항복을 받아 내는 데 성공했어. 뜨 득 황제는 기독교 포교를 인정하고, 베트남 영토 중 몇 개의 섬을 프랑스령으로 내주고 배상금을 지불하는 등 굴욕적인 협약을 맺게 돼. 이로써 프랑스는 베트남을 식민지화할 발판을 마련하게 되었지. 이어서 1867년에는 아예 호찌민 시와 베트남 남부 지역을 식민지로 만들고 코친차이나라고 이름 붙여. 원래 중국인들이 베트남을 교지라고 얕잡아 불렀다고 했지? 발가락, 혹은 여러 곳으로 갈라지는 지점이라는 뜻을 갖고 있다고 말이야. 이 교지를 포르투갈 상인들은 코친이라고 발음했어. 그런데 이미 인도에 코친이란 지명이 있었기 때문에, 이와 구별하기 위해 코친차이나란 이름을 붙였던 거야. '중국에 붙은 코친'이란 뜻이지.

코친차이나에 거점을 마련한 프랑스는 야금야금 영토를 빼앗아

 프랑스 시민 시대

서, 1885년경에는 베트남 영토의 거의 전부를 차지했어. 또한 베트남의 이웃 나라들인 라오스, 캄보디아까지 침략해 인도차이나(중국과 인도 사이의 땅을 뜻함. 흔히 베트남, 캄보디아, 라오스 3개국을 가리킨다.)를 자신들의 식민지로 만들었지. 사실 이곳은 인도도 아니고 차이나(중국)도 아니고 독립된 나라들이 제각각 살고 있던 땅인데, 유럽 인이 자기들 편한 대로 인도차이나로 불렀던 거야.

이즈음 중국이 개입을 해. 베트남을 늘 자신들의 속국쯤으로 생각하고 있던 중국으로선 프랑스가 베트남을 차지하는 것을 보고만 있을 수는 없었던 거야. 중국은 베트남이 자신들의 영토라며 프랑스와 전쟁을 벌여. 하지만 중국이 전쟁에서 지고, 베트남은 완전히 프랑스의 차지로 돌아갔지. 베트남 땅에서, 베트남 사람들의 뜻과는 상관없이, 중국과 프랑스가 서로 싸우면서 자기네 땅이라고 우기는 이상한 일이 벌어졌던 거야.

한국도 이와 비슷한 역사를 가졌다고 알고 있어. 일본이 조선을 자신들의 식민지로 만들려고 하자, 중국이 조선의 독립을 주장했지. 물론 베트남에서와 마찬가지로 조선에 대해 자기네가 주도권을 잡으려고 했던 것이고 말이야. 결국 청일 전쟁이 일어났다가 일본이 승리하면서, 조선 또한 일본의 식민지가 되는 계기가 되었고. 청일 전쟁 역시 조선 땅에서 일어난 전쟁이었지만, 조선 사람들은 상관이 없는 이상한 전쟁이었지.

아무튼 아시아에서 가장 힘센 나라로 군림했던 중국은 우수한 무기와 군대를 지닌 유럽 세력과, 일찍 서구 문물에 눈뜬 일본에게 서서히 밀리기 시작해. 영국과 벌인 아편 전쟁에서도 지고 말아서, 더 없이 굴욕적인 협정들을 맺게 되지. 아시아에서 중국이 독주하던 시대가 막을 내린 거야. 이후로 아시아의 많은 나라들 또한 중국과 비슷한 과정을 거치게 돼.

프랑스는 베트남을 세 구역으로 나누었어. 남부 코친차이나는 직접 통치하는 식민지로, 북부 홍하 델타 주변인 통킹을 반(半)보호령, 중부 안남은 보호령으로 선언했어. 보호령이란 원래 있었던 지배 세력, 그러니까 베트남의 왕과 귀족이 그대로 통치하긴 하지만 불평등한 협정을 맺어 제국주의가 원하는 대로 통치하게 하는 걸 말해. 응우옌 왕조의 왕은 그대로 남았지만 허수아비에 불과했지. 이제 독립 국가 베트남은 지도에서 사라지고 프랑스 깃발이 나부끼는 식민지가 되고 말았어.

프랑스가 베트남을 식민지로 삼아 무엇을 했을까? 물론 다른 식민지한테도 그랬듯, 식민지가 가진 자원을 착실하게 빼앗는 것이었지. 프랑스는 이를 수월하게 하기 위해 베트남의 여러 곳에 철도를 깔고 해안 곳곳에 항구를 건설했어. 베트남의 논과 고무나무 숲과 석탄 광산은 거의 모두 프랑스 사람들의 소유가 되었지. 베트남 사람들은 원래 그들의 것이었던 논과 숲과 광산에서 쥐꼬리만 한 임금을 받고 일

프랑스 식민 시대

해야 했어. 게다가 무거운 세금까지 내느라고 농민들은 노예나 다름없는 비참한 생활을 해야 했고. 그런 한편, 일부 베트남 귀족들은 프랑스와 한통속이 되어 같은 민족인 베트남 사람들을 착취하면서 재산을 늘려 갔지.

이런 상황에서 사람들은 무엇을 할까? 그렇지. 독립 운동이지. 한국에서도 일제에게 지배당하던 시절에 독립을 위해 싸운 사람들이 있었잖아? 마찬가지로 베트남 사람들 또한 독립 운동을 시작하게 돼. 점점 불만이 커지고 대중들 사이로 저항의 불길이 번지자, 프랑스는 이를 막기 위해 치사한 수법을 썼어. '집단 책임'이라고 해서

독립군을 숨겨 주거나 지원한 사람이 있으면 전 마을이 처벌받도록 하는 탄압 정책을 폈던 거야. 자기가 손해 보기 싫으면 알아서 독립 운동을 하는 동포들을 신고하거나 막으라는 뜻이었지. 하지만 우리 베트남 사람들은 기죽지 않았어. 오히려 더 많은 사람들이 독립 운동에 나섰단다.

베트남 사람들은 자신들이 사는 자연과 지물들을 잘 이용할 줄 알았어. 프랑스 군대가 마음을 놓고 있으면 갑자기 기습 공격을 하고, 프랑스가 경계를 하면 은밀히 흩어져서 기회를 엿보았지. 이런 전투 방식은 프랑스가 물러난 뒤 미국과 싸울 때에도 유용하게 쓰였어.

그렇게 독립 운동을 하던 중, 판 보이 쩌우나 판 쩌우 찐 같은 사람들이 나타나 독립 운동을 벌이지. 독립을 위해 인생을 걸고 나선 독

프랑스 식민 시대

립 운동가들은 그 뒤 베트남 독립 운동에 많은 영향을 주었어.

백년 동안의 독립 운동

1867년, 프랑스가 베트남을 식민지화하던 시절에 판 보이 쩌우는 태어났어. 그는 프랑스가 베트남을 어떻게 탄압하는지 보면서 자랐지. 그는 프랑스의 차별과 탄압에 저항하리라 다짐했어. 1904년 '두이 탄 호이(유신회)'라는 조직을 결성해 독립 운동을 하던 그는, 프랑스 사람들에게 발각되자 일본으로 망명해. 그는 일본에서 프랑스 지배의 잔학함을 고발하는 기사들을 쓰는 등 베트남에서 일어나고 있는 프랑스의 폭정을 세계에 알리기 위해 힘썼어.

베트남의 민족주의자 판 보이 쩌우

그러다 프랑스의 눈치를 보던 일본이 판 보이 쩌우를 추방하자, 그는 중국으로 가서 독립 운동을 계속했어. 하지만 프랑스의 심기를 건드리고 싶지 않았던 건 중국도 마찬가지였지. 중국은 판 보이 쩌우를 체포해서 감옥에 가뒀고, 나중에 풀려나긴 했지만 이번에는 프랑스에 의해 체포되어 하노이로 호송되었지. 그는 사형을 선고받지만, 베트남에서 그의 감형을 주장하는 시위가 일어나 그는 후에 시 교외에 연금되었어. 그곳에서 그는 외부와의 접촉을 차단당한 채 가택 연금 상태로 살다가 죽어.

판 보이 쩌우는 베트남의 독립을 보지 못하고 죽지만 그의 활동은 베트남 독립 운동사를 싹 틔우는 씨앗이 돼. 그리고 싹을 틔운 씨앗은 꽃을 피울 준비를 하지.

판 쩌우 찐은 또 다른 씨앗을 싹 틔운 사람이야. 그는 비폭력을 주장하면서, 무엇보다

베트남의 개혁가 판 쩌우 찐

순수하게 베트남의 힘으로 독립하는 것이 중요하다고 강조해. 그는 하노이에 현대적인 학문을 가르치는 진보적인 대학을 세우고, 학생들을 가르쳤어. 프랑스는 이 학교를 매우 위험한 것으로 보고 즉시 폐쇄하고 판 쩌우 찐과 그를 따르는 이들을 체포하여 남중국해에 위치한 섬으로 유배를 보내지.

비폭력주의자인 판 쩌우 찐와 달리 무력으로 싸워서 독립을 쟁취하자는 사람들도 있었어. 농민의 아들로 태어나 사범 대학을 나와 베트남 교육을 위해 나섰다가 혁명가가 된 응우옌 타이 혹은 1928년에 베트남 국민당을 만들고 "베트남의 독립을 위해서는 무력으로 혁명을 일으켜서라도 프랑스의 지배를 무너뜨리는 것"이라고 선언해. 본격적으로 무기를 들고 투쟁하겠노라고 선전 포고를 한 거지.

프랑스 식민 시대

독립 운동을 벌이다 사망한
응우옌 타이 혹

베트남 국민당은 급속도로 세력이 커져 갔지만 1929년 하노이에서 일어난 프랑스 인 바젱의 살인 사건 뒤 400명 가까운 당원이 체포돼. 국민당은 1930년, 프랑스 육군 막사를 습격하여 프랑스 장교 6명을 살해하고 무기와 탄약을 탈취하는 등 무기를 들고 봉기했어. 전국의 밀림에서 프랑스 군과 게릴라전을 벌이는 등 결사적인 항전을 하지만 무기가 빈약했던 국민당은 프랑스 군을 이길 수 없었어. 결국 프랑스의 반격으로 수천 명의 당원이 체포되고 응우옌 타이 혹은 26세의 젊은 나이로 사형을 당하고 말아.

이 외에도 여전사 응우옌 티 민 카이를 비롯해서, 보 반 떤, 끼 동, 두이 판 제 등 수많은 사람들이 독립 운동을 벌였고, 산악 지방에 살던 소수 민족들 역시 독립에 뜻을 모았어.

한편, 이 시기에 프랑스 선교사가 고안한 베트남 어의 로마식 표기가 베트남의 공식 문자로 채택되었어. 이 얘기는 전에 미리 말한 적이 있지? 사실 베트남은 그동안 한자를 공식 문자로 써 왔는데, 너무 한자가 어려웠던 터라 많은 사람들이 쓰기가 어려웠어. 그런데 알파벳을 차용해 써 보니, 낯선 문자이기는 해도 그래도 한자보다는 쉬웠거든. 베트남 사람들은 이 새로운 문자로 신문을 발행하고 문학 작품도 썼어. 정치 토론도 활발하게 이루어져서 자주와 독립, 민주주의를 위한 토론회도 곳곳에서 열렸고, 비밀 문서들이 은밀하게 사람들에게 전달되었지. 이제 베트남은 프랑스로부터 독립하는 것, 그리고 독립만이 아니라 기존의 왕이 다스리는 체제에서 벗어나 대중의 권리와 존중을 찾기 위해 노력하게 돼.

이때 또 한 사람 베트남의 독립을 위해 투쟁을 하던 인물이 있었으니, 그가 바로 호찌민이야. 그는 다른 나라의 힘을 빌리는 것이 아니라, 오직 베트남 사람들의 힘에 의해서만 독립을 해야 한다고 주장했어. 그는 조직적이고 결사적인 투쟁을 했지. 호찌민의 영향력이 커지자, 프랑스 식민 정부가 그를 죽여 없애라는 명령을 내릴 정도였어. 하지만 호찌민은 중국과 베트남을 오가며 비밀리에 활동하면서 프랑스와 정면으로 대결해. 그는 '베트남 독립 동맹', 즉 베트민이라는 거대한 독립 운동 조직을 만들고 일본군을 상대로 게릴라전에 들어갔어. 그들은 밀림의 덤불 속에 숨어 있다가 일본군을 기습 공격하고 유유히 사라지곤 했지.

왜 프랑스 군이 아니고 일본군이냐고? 아, 그렇지. 그 설명을 안 했구나. 그 전에 잠깐 호찌민에 대해 좀 더 이야기해 줄게. 왜냐하면 호찌민은 베트남의 현대사에 너무나 중요한 인물이거든.

저항의 나라에서 온 엄마에게

엄마, 오늘은 히엔 오빠한테 베트남 국가를 배웠어요. 제가 한국 사람이지만 베트남 사람이기도 하니까 베트남 국가 정도는 부를 줄 알아야 한다며 가르쳐 주었어요. 그 말도 맞는 거 같아 열심히 배웠어요.

베트남의 국가는 한국의 애국가보다 훨씬 씩씩한데, 알고 보니 프랑스 항전 때부터 군대에서 군가로 쓰던 것을 그대로 국가로 썼다고 하네요. 그래서 제목도 <진군가>래요.

베트남 군대여, 전진하라!
조국을 지키기 위해 스스로 함께 단결하라.
우리의 바쁜 행진은 높고 험준한 길로 걸어갈지니,
우리의 국기는 승리의 붉은 피, 조국의 영혼이 깃들어 있도다.
총성이 우리의 행진곡과 함께 울려 퍼지도다.
영광스러운 길은 우리의 적을 이겼도다.
모든 궁핍을 극복하라, 우리는 저항의 기반을 함께 만들어 나가리.
모든 인민들의 구원을 위해 투쟁하라,

전장에서 서두르라!

전진하라! 모두 함께 전진하라!

우리의 영원한 베트남은 강하도다.

집에 가면 엄마 앞에서 불러 볼게요. 잘 부르면 칭찬해 주세요.

베트남 〈진군가〉를 배운 별이 올림.

우리의 영원한 호 아저씨

　너도 우리 베트남 곳곳에서 호 아저씨를 보았을 거야. 모든 관공서에 호 아저씨의 사진을 붙여 놓고, 길거리에도 그분의 동상이 세워져 있으니까. 그건 베트남 사람들이 진심으로 호 아저씨를 존경하기 때문이야. 그분이 있었기에 프랑스와의 싸움은 물론이고, 이후 미국과의 전쟁에서도 승리할 수 있었다고 생각해. 그럼 호 아저씨가 누구냐고?

　호 아저씨, 호찌민은 1890년 베트남이 프랑스의 지배를 받던 시기에 어머니 호앙 티 로안과 아버지 응우옌 신 삭 사이에서 태어났어. 그의 본명은 응우옌 신 꿍이고 자는 응우옌 땃 탄이야. '빛을 가져온 사람'이라는 뜻의 호찌민은 그의 수많은 가명 가운데 하나야.

호찌민의 아버지는 프랑스가 베트남을 침략해 식민 정부를 세우자 분노해 공무원직을 그만두고 전국을 떠돌며 아이들을 가르쳤다고 해. 호찌민은 아버지로부터는 유교 경전을 배우고 한편으로는 신식 학교에서 프랑스 어를 배웠대. 어린 시절부터 아버지의 심부름으로 독립 운동가들의 편지를 몰래 전달하러 다니는 일도 했다니, 무척 용감한 성격이었던 거 같아. 호찌민은 베트남 사람들이 자신

국민적인 추앙과 존경을 받는 호찌민의 동상. 호찌민 기념관에 세워져 있다. ⓒ 정태희

들의 땅에서 사람 대접도 못 받고 가난하게 사는 걸 보고 자랐고, 그 이유가 프랑스 제국주의 때문이라는 것도 알게 되었지.

스물한 살의 청년이 되었을 때 호찌민은 독립 운동을 하기 위해서는 넓은 세상으로 나가야겠다고 생각하고 프랑스 상선에 일자리를 구해. 그 배는 세계 곳곳을 항해하며 다녔기 때문에 배에서 일하는 동안 다른 나라들도 갈 수 있었지. 주방에 취직해 3년 동안 유럽, 아시아, 아프리카, 남아메리카 등 세상 곳곳을 다니면서 호찌민은 베트남 사람들만 고난을 겪는 것이 아니라는 것을 알게 돼. 아시아든 아프리카든, 제국주의가 침략한 나라의 사람들은 모두 같은 고통을

젊은 시절의 호찌민(1924년)

겪는 것을 보게 된 거지. 호찌민은 제국주의를 물리치지 않는 한 식민지에 사는 사람들에게 행복이 없다고 생각하게 되었어.

그러던 중에 제1차 세계 대전이 터졌어. 전쟁이 한창일 때 호찌민은 제국주의의 심장부 프랑스의 수도 파리로 가. 적을 알고 나를 알면 백전백승이라고 생각했지. 그는 정원사, 청소부, 하인, 사진 수정사 같은 일을 닥치는 대로 하면서 본격적으로 공부를 해. 호찌민은 독학으로 체계적이고 방대한 지식을 터득하고 파리에 거주하고 있는 각 나라의 많은 지식인들과도 교류하지. 베트남의 독립 운동가 판 쩌우 찐, 판 반 쯔엉과 연락하며 어떻게 독립을 할 것인가 함께 고민을 나누고 영국, 독일, 미국 등 제국주의 본토를 직접 방문해 국제적인 판도를 읽어 나갔지. 또 그냥 공부만 한 게 아니야.

1919년에는 제1차 세계 대전의 뒤처리를 논의하는 베르사유 회의에 응우옌 아이 꾸옥(아이 꾸옥이란 '애국'이란 뜻의 베트남 말이야. 호찌민은 이때부터 끊임없는 수배와 추적을 피해 평생 수많은 가명을 써. 아이 꾸옥 또한 그의 가명 가운데 하나였고, 호찌민도 그의 가명 중 가장 유명한 것 중 하나로, 나중에는 아예 그의 이름으로 굳어지지.)이란 이름으로 참가해 연합국 대표들에게 베트남 사람들의 자유·민주·평등권을 요구해. 정의감 강하고 총명한 청년이었던 호찌민은 외교적인 노력을 통해 베트남의 독립을 얻을 수 있을 것이라고 낙관했지. 그러나 호찌민은 회의장 복도에서 쫓겨나고 말았어. 그의 의사는 재고의 여지도 없이 무시되고 말았지.

그런 일들을 겪으면서, 호찌민은 한 가지 깨달음을 얻었어. 그것은 베트남 사람들 스스로 자유와 민주주의, 민족 자결권을 찾아야지, 남에게 기대어서는 결코 얻을 수 없으리라는 것을 깨달은 거야. 그래도 호찌민은 포기하지 않고 다시 한 번 외

민족자결주의를 주장한 토마스 윌슨 미국 대통령. 민족자결주의란, 각 민족은 스스로 정치적 운명을 결정할 권리가 있으며, 다른 민족의 간섭을 받을 수 없다는 주장이다. 강대국의 수장이 발표한 이 주장으로 많은 식민지 국가들이 희망을 가졌지만, 사실 이 주장은 극히 정치적인 것으로 발칸 반도와 동유럽의 패전국 영토에 사는 소수 민족에게만 해당하는 것이었다.

교적인 노력을 해. 1919년에 민족 자결주의를 발표한 미국의 윌슨 대통령이 프랑스를 방문했을 때, 프랑스가 베트남에서 저지른 만행과 베트남의 기본권 보장을 요청하는 요구서를 넘겨주며 베트남이 얼마나 독립하고 싶어 하는지를 알렸어.

하지만 역시 실패하고 말았어. 사실 미국의 윌슨 대통령이 민족 자결주의를 주장한 것은, 제1차 세계 대전에서 패한 독일 같은 국가

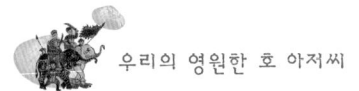
우리의 영원한 호 아저씨

들이 식민지를 통해 또 힘을 모을까 봐, 패전국에 속한 식민지 나라들이 독립해야 한다고 주장한 것뿐이었거든. 프랑스는 승전국이었으니 프랑스의 식민지인 베트남에는 해당되지 않는 일이었지.

아무튼 이로써 호찌민은 서구 제국주의자들이 결코 평화적으로 식민지를 포기하지 않는다는 교훈을 얻게 되지. 다른 선택의 여지는 없었어. 베트남 사람들 스스로 독립을 찾아 싸우는 길밖에는.

호찌민은 파리에 머무는 동안 〈추방자〉라는 잡지를 발간하면서 직접 칼럼을 쓰고 삽화를 그리면서 프랑스와 영국의 악랄한 식민지 정책을 끈질기게 물고 늘어졌어. 그리고 그로부터 20여 년간, 그는

호찌민이 그의 잡지에 그린 삽화. 인력거를 탄 프랑스 사람이 거드름을 피우며 베트남 사람에게 "서둘러, 난 네 충성도를 보고 있다고!"라고 말하고 있다.

러시아 모스크바로, 중국 광저우와 예안, 홍콩으로 돌아다니면서 '베트남 혁명 청년 동지회', '인도차이나 공산당' 등을 조직해서 베트남의 독립을 위해 분주히 노력했지.

그는 특히 러시아에서 공산 혁명의 성공과 레닌의 반제국주의 정책에 깊은 감명을 받아. 사실 베트남이 식민지가 된 것은 서구 제국주의 때문이야. 그런데 제국주의 이면에는 남보다 더 많은 돈을 벌고 더 많이 소비하고자 한 자본주의 사상이 깔려 있어. 돈을 벌기 위해 남의 나라를 빼앗고 지배하는 서구 열강들이 한 짓을 보면, 돈을 투자한 만큼 자유롭게 돈을 버는 자본주의 사상보다는, 노력한 만큼 평등하게 돈을 벌게 해 준다는 공산주의 사상에 더 마음이 끌릴 거야. 실제로 많은 식민지 국가들이 공산주의 사상에 매료되었지. 호찌민도 공산주의 사상에 깊이 이끌렸어. 왕이 다스린 나라도 아니고, 자본주의 때문에 핍박받는 나라도 아닌, 민중을 위한 나라가 바로 공산주의 나라라고 그는 믿었던 거야. 그 이상을 위해서, 그는 각 나라를 돌아다니면서 지지 세력을 만들고, 전투를 마다하지 않았으며, 중국에서 체포되어 감옥살이를 하면서도 꿋꿋하게 자신의 신념을 굽히지 않았어.

왜 호 아저씨가 중국에서 감옥살이를 했냐고? 호찌민은 게릴라전으로 독립 운동을 하고 있었는데, 도움을 얻기 위해 중국에 갔다가 중국의 지도자 장제스가 배신을 하는 바람에 감옥에 갇혔던 거야. 중

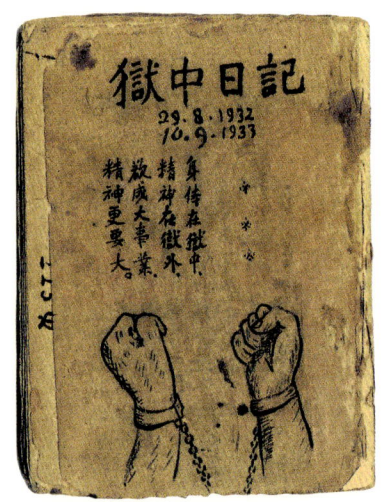
호찌민이 쓴 〈옥중일기〉의 표지

국의 장제스는 이웃 나라의 지도자를 덜컥 가두어 버리는 배신을 한 거지. 하지만 그런 와중에도 호찌민은 시를 쓰는 여유를 갖고 있었어. 그는 감옥에서 〈옥중일기〉를 무려 134편이나 남기기도 했으니까.

이즈음 제2차 세계 대전이 일어나고 독일이 프랑스를 침공해 점령하는 사태가 벌어져. 어느덧 쉰한 살이 된 호찌민은 기회가 왔다고 판단했어. 프랑스가 독일에게 점령당한 틈을 타서 프랑스와 싸우기로 한 거야.

호찌민은 베트남으로 돌아와 각종 독립 운동 단체를 찾아다니면서 함께 힘을 합쳐 싸우자고 했어. 서로 목표하는 바가 다른 집단들이기는 하지만 그것들은 젖혀 두고, 독립을 위해서 우선 힘을 합치자고 설득한 거야. 그래서 태어난 것이 앞서 말한 '베트남 독립 동맹회', 베트민이지.

호찌민은 북부 까오 방의 팍 보 계곡에 근거지를 마련하고 베트남 사람들에게 싸울 것을 호소했어. 프랑스 인 농장주가 있는 농장에서 파업을 하도록 유도하고, 농민들이 시위를 벌이도록 주도했지. 그러기 위해서 호찌민은 농촌 구석구석을 돌아다니면서 연설을 하고, 선전 책자를 뿌리는 한편, 농민들과 똑같은 차림으로 농촌의 부족한 일

손을 돕기 위해 나서기도 했어. 그런 열성적인 모습에 사람들은 신뢰를 보내지 않을 수 없었지. 베트남 농민들은 은신처와 정보를 제공하면서 함께 싸움에 나섰어. 이제 호찌민이 이끄는 베트민은 1만 명이 넘는 거대한 독립 운동 조직이 되었어.

베트민 군대는 일본군을 상대로 게릴라전에 들어갔어. 밀림의 덤불 속에 숨어 있다가 일본군을 기습 공격하고 유유히 사라지곤 했지. 아까 왜 갑자기 일본군이냐고 물었지? 이제 내가 찬찬히 설명할게.

 우리의 영원한 호 아저씨

베트남을 쥐어짠 일본

유럽에서 제2차 세계 대전이 일어나면서 그 여파는 베트남까지 밀려왔어. 독일이 프랑스를 침공하자, 독일의 동맹국인 일본이 베트남을 공격해. 프랑스는 독일에게 점령당하고, 베트남에는 일본 군대가 들어온 거야. 프랑스는 본국이 점령당하는 바람에 자기 발등에 떨어진 불을 끄기에도 바빠서 식민지까지 신경을 쓸 힘이 없었어. 그 틈을 타서 1941년부터 1945년까지 일본군이 베트남을 지배한 거야.

처음 베트남 사람들은 일본군 덕분에 프랑스로부터 독립할 수 있을 거라고 믿고 그들을 환영했어. 하지만 일본은 프랑스보다 더했지. 쌀을 수탈하는 것은 물론이고, 식량을 심어야 할 논밭에 전쟁에서 쓰기 위한 작물을 심으라고 강요했어. 대표적인 것이 아주까리인데, 아주까리로 기름을 짜면 군용기 윤활유로 쓸 수 있었거든. 아주까리 재배 때문에 식량을 재배하는 땅의 면적이 줄어 그렇지 않아도 식량이 부족한 터에, 하늘도 베트남을 버렸어. 보기 드문 태풍으로 홍수까지 나면서 역사상 유래를 찾아볼 수 없는 대참사가 발생한 거야. 1945년 3월부터 전쟁이 끝나는 8월 말까지, 불과 5개월 동안 200만에서 250만 명이나 되는 사람들이 굶어 죽었어.

이제 너도 알다시피 베트남은 날씨가 좋아서 일 년에 세 번 모를 심을 수 있어. 그런 베트남에서 쌀이 없어 사람들이 굶어 죽은 거야. 수많은 외세의 침략과 식민 지배를 겪으면서도 베트남 사람들이 경험하지 못했던 대참사였지.

 호찌민과 베트민은 유격대를 조직해서 프랑스 인과 일본인들을 동시에 공격했고, 미국과 손을 잡았어. 제2차 세계 대전 당시 미국 또한 독일과 일본에 대항해 싸우고 있었으니까. 국내 사정에 밝은 호찌민 군은 일본군의 작전 계획과 이동 상황을 연합국 쪽에 알리고 추락당한 미 공군 조종사들이 탈출할 수 있도록 도왔어. 미국 또한 베트민에게 무기를 제공하고 군사 훈련을 돕기도 했지.

 그러다 1945년, 미국이 일본에 원자 폭탄을 투하하면서 일본은 무조건 항복을 하게 돼. 한국도 이 일로 해서 광복을 맞았다고 했지? 우리 베트남도 이 일로 드디어 독립의 꿈을 이뤘어.

남북 신탁 통치와 프랑스와의 전쟁

 1945년 8월 15일, 일본이 항복하자 차근차근 독립을 준비했던 베트민 군대는 며칠 만에 베트남의 중북부 대부분을 장악하고 수도 하노이에 입성했어. 호찌민과 보 응우옌 지압 장군이 이끄는 인민 해방군은 1945년 8월 16일, 군중들의 열렬한 환영을 받으며 하노이에 들어왔지. 그리고 9월 2일, 인산인해를 이루며 모여든 군중 앞에서 호찌민은 베트남 민주 공화국의 독립 선언서를 읽어 나갔어.

우리의 영원한 호 아저씨

모든 사람은 평등하게 태어났다. 저마다 생명과 자유와 행복을 누릴 권리가 있으니 이는 하늘이 내려주신 권리요, 그 누구도 빼앗을 수 없는 권리다.

광장은 박수와 환호의 도가니로 뒤덮였어. 1945년 9월 2일, 마침내 베트남민주공화국이 탄생한 거야! 그리고 호찌민은 베트남민주공화국의 초대 대통령이 되었어. 이들이 가장 먼저 한 일은 무엇이었을까?

호찌민 정부는 굶주림에 처해 있던 사람들을 구하는 일을 가장 먼저 시작했어. 이어 굶주림·문맹·외세를 물리치는 것을 3대 정책으로 시행했어. 이런 정책들은 모두 미리 준비된 것들이었어. 호찌민과 그의 지지자들은 프랑스 군, 일본군과 싸우면서 독립된 나라에서 해야 할 일들을 체계적으로 세워 두었어. 모든 베트남 사람들이 1년 내에 베트남 어를 읽고 쓰는 법을 배워야 한다는 포고를 발표한 것도 이미 다 계획했던 일이었지.

전쟁이 길어지면서 남자들이 나가 싸우느라 집을 비우는 동안, 강인한 베트남 여인들은 집을 지키고 아이를 기르며 농사를 지었다. 그리고 무기를 들고 싸우는 여인도 있었다.

당시 베트남에서 여자들은 제대로 배우지를 못했어. 유교식 풍토가 거셌던 탓에, 교육은 남자들만 받는 거라고 생각하는 사람들이 많았거든. 한국도 옛날에는 그랬지? 그런데 독립 운동은 남자들만 한 게 아니라 여자들도 했어. 때로는 더 용감하게 싸우기도 했고 말이야. 함께 독립 운동을 하면서 사람들은 깨달은 거지. 남자든 여자든 원하는 사람은 교육을 받아야 한다고 말이야.

아직 읽고 쓸 줄 모르는 사람들은 그것을 배우게 하라. 부인은 남편에게서 배우게 하라. 동생은 형에게서 배우게 하라. 부모는 자식에게서 배우게 하라. 소녀와 여자 들은 더 열심히 공부하게 하라.

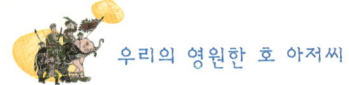
우리의 영원한 호 아저씨

이것이 호찌민 정부의 정책이었어. 배움에 목말라하던 사람들, 특히 여자들은 얼마나 기뻐했는지 몰라. 학교가 문을 열고 아이부터 어른까지 배우고자 하는 사람들을 모두 받아들였어. 교사와 학교 시설이 부족해서 절이나 병원 같은 건물을 학교로 바꾸어 가르치기도 했어. 이 계획은 큰 결실을 맺어 1946년 가을에 이르자, 베트남 사람들 200만 명 이상이 까막눈에서 벗어날 수 있게 되었단다.

이렇게 차근차근 독립 국가로서 발돋움해 나가던 베트남 사람들은 그러나 오래지 않아 거대한 벽에 부딪치고 말아. 또다시 전쟁이 벌어진 거야. 왜냐고? 강대국들이 자기네 잇속을 차리기 위해 싸움을 벌였고 그 통에 베트남이 말려들었기 때문이야.

무슨 일이 일어났는지 자세히 말해 줄게. 제2차 세계 대전이 끝나자마자 프랑스 군이 다시 베트남에 입성하는 말도 안 되는 일이 벌어진 거야. 호찌민이 독립 선언을 하지만 제2차 세계 대전에서 이긴 연합군은 이를 인정하지 않았어. 강대국들의 수뇌들은

왼쪽부터 포츠담 회담에 참석한 중국의 장제스, 미국의 트루먼, 러시아의 스탈린. 이들은 제2차 세계 대전이 끝나기 직전인 1945년 7월 26일, 독일의 포츠담에서 만나 전쟁 뒤의 사후 처리에 대해 논의하여 이를 발표했다. 이때 한국과 베트남은 남북을 나눠 외국 군대가 주둔하는 곳으로 결정되었다.

포츠담 회의라는 것을 통해서 북위 17도를 경계로 북쪽엔 중국군이, 남쪽엔 영국군이 주둔하라고 자기네들끼리 결정해 버렸어. 베트남에 아직 남아 있는 일본군을 소탕하기 위해서라며 말이지. 이 포츠담 회의로 인해 베트남은 17도선을 기준으로 허리가 잘려서 남과 북에 외국 군대가 주둔하게 되었어.

이런 걸 보면, 베트남과 한국이 정말 닮은 점이 많지? 일본의 식민지가 되었던 것, 일본의 패망으로 독립을 한 것, 강대국에 의해 허리가 잘려 남북으로 다른 나라 군대가 주둔한 것 등 말이야.

하지만 다른 점도 있었어. 이때 남쪽에 주둔한 영국군이 프랑스의 편을 들어서, 프랑스가 다시 베트남을 통치할 수 있도록 도와준 거야. 이 과정에서 프랑스 군이 베트남 민간인을 수천 명이나 살해하는 일이 일어나고 말았어. 독립이 될 거라고 생각했던 베트남 사람들은 분개했지. 호찌민도 참지 않았어. 분노한 베트남 사람들에게 호찌민이 외쳤어.

　전국의 동포 여러분

　우리는 평화를 원하고 있었기 때문에 이제까지 양보를 되풀이해 왔습니다. 그러나 우리가 양보하면 하는 만큼, 프랑스 제국주의자들은 이를 이용해 우리의 권리를 침해해 왔습니다. 우리는 조국을 잃고, 다시 노예의 지위에 만족하기보다는 모두를 희생시키는 쪽을 선

프랑스, 미국과 싸워 승리한 베트남의 전쟁 영웅, 보 응우옌 지압 장군

택합니다. 동포 여러분, 일어납시다. 총이 있는 사람은 총을, 칼이 있는 사람은 칼을, 칼이 없는 사람은 곡괭이나 막대기라도 좋습니다. 일어납시다.

베트남 독립 운동의 주역이던 보 응우옌 지압 장군이 프랑스 군에게 포격을 선언했어. 이로써 베트남과 프랑스 간의 전쟁이 시작되었지. 호찌민은 수도 하노이를 내놓고 다시 산악 지대로 들어가 게릴라전을 시작했어. 1946년, 프랑스와의 결전을 앞두고 호찌민은 이렇게 말했어.

당신들 1명이 죽을 때마다 베트남 인 10명이 희생당할지 모른다. 그러나 당신들은 패배할 것이고 우리는 이길 것이다.

호찌민은 프랑스와 싸워 이기기 위해선 모두가 힘을 합쳐야 한다고 생각해서 안으로는 농민들을 꾸준히 교육시키는 데 힘을 쏟았어. 군사들은 틈날 때마다 마을을 방문해 아이들도 가르치고 독립을 위해 함께 싸우자고 사람들을 설득했지. 이런 호찌민 정부의 노력은 성공해서 농민들은 호찌민 정부를 지지했어. 이들에게 식량을 가져다 주었고, 프랑스 군대에 대한 정보를 제공하기도 했지.

또, 밖으로는 청년, 승려, 여성, 학생, 농민 등 다양한 계층의 사람들을 모아 각기 군대를 구성하고, 베트남의 지형을 완벽하게 익히도록 훈련시켰어. 그리고 프랑스 군을 기습 공격한 후 감쪽같이 사라지는 전술을 택했어. 옛날부터 중국과 오랫동안 싸우면서 베트남 사람들은 주변의 지형을 이용해 기습 공격을 하고 사라지는 게릴라 전에 강했어. 그걸 프랑스와 싸울 때에

다시 전쟁에 나선 호찌민은 삼사 일마다 배낭을 지고 꼬불꼬불한 산길을 50킬로미터씩 걸었다. 예순이 넘었지만 호찌민은 아침이면 일찍 일어나 운동을 하고 낮에는 병사들을 훈련하거나 교육시켰다.

도 써먹은 거야. 프랑스는 우수한 폭탄과 총기로 화력을 쏟아 부었지만, 몰래 나타나 공격하고 금세 밀림으로 사라지는 베트남 병사들을 당해 낼 수가 없었지.

처음에는 우수한 무기를 앞세운 프랑스 군이 우세했지만, 이렇게 힘을 합쳐 나라를 되찾겠다는 베트남 사람들의 열망은 무기의 열세마저도 이겨 내고야 말았어. 그 누구도 지지하지 않는 프랑스 군대는 힘을 발휘할 수가 없었지. 상황이 어려워지자 프랑스 군은 한꺼번에 베트민을 궤멸시킨다는 대규모 작전을 세웠어.

우리의 영원한 호 아저씨

라오스와의 국경 근처 디엔 비엔 푸 마을

베트남에는 디엔 비엔 푸라는 곳이 있어. 이곳은 라오스와의 국경 근처에 있는 작은 마을인데, 호찌민이 이끄는 베트민은 중국에서 라오스를 거쳐 이곳 디엔 비엔 푸로 무기를 들여왔던 거야. 프랑스는 그 요충지를 공격하여 보급로를 차단할 생각이었지. 프랑스는 자신만만하게 작전을 시작했어. 우수한 무기와 대규모 군대까지, 모든 면에서 완벽하게 우월했지. 미국의 지원을 받아 폭격기까지 준비한 프랑스 군은 대대적인 작전을 폈지. 1953년 11월, 이들은 너무나도 손쉽게 별다른 저항 없이 디엔 비엔 푸를 점령했어. 베트민과의 전쟁에서 이겼다고 생각한 거야.

그러나 베트민은 독립을 향한 열정으로 뭉쳐진 군대였어. 게다가 총사령관이었던 보 응우옌 지압은 결코 만만한 인물이 아니었지. 그들은 달도 없는 어두운 밤에 '호찌민 루트'라 불리는 정글 속의 수송 길을 통해 자전거, 소, 말 등에 탄약과 식량을 지고 날랐고, 심지어는 병사들이 직접 포탄을 머리에 이고 날랐어. 호찌민 루트는 북베트남에서 무기와 물자를 나르기 위해 만든 길로 무려 480킬로미터에 이르는 정글 속 길이었어. 은밀히 만들어진 이 험한 길을 따라 타이어를 잘라 만든 납작한 신발과 낡은 소총, 군모만 쓴 군사들이 물자를 나르고 대포를 산 위로 끌어올려 가며, 디엔 비엔 푸를 포위했지.

프랑스 군은 디엔 비엔 푸를 점령했다는 것에 심취해서, 자신들이 포위되는 줄도 모르고 있었어. 그리고 프랑스 군이 확실히 포위된 1954년 3월 초, 마침내 베트민과 프랑스 군 사이에 치열한 전투가 벌어졌어. 높은 산 위에서 디엔 비엔 푸를 내려다보며 둘러싼 베트민이 철통처럼 지키는 탓에 빠져나가지도 못한 프랑스 군은 당황하여

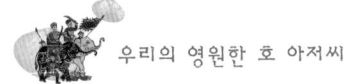

우왕좌왕하다가 결국 무너지기 시작했어. 사실 프랑스 군의 강력한 화력으로 인해 사상자는 베트민이 2배 이상 많았지만, 쓰러져 가는 전우의 시체를 뛰어넘어 돌진해 오는 베트민의 투지에 프랑스 군은 허물어지고 말았던 거야.

디엔 비엔 푸의 황무지에 고립된 프랑스 군은 필사적으로 저항하지만, 베트민은 프랑스 군을 포위하는 끈을 절대로 놓지 않았어. 3개월 동안 저항하지만, 보급품도 제대로 받지 못한 프랑스 군은 1954년 5월 7일, 드디어 항복하게 돼. 프랑스 군 5,000여 명이 사살당하고 프랑스 군 사령관을 비롯한 1만여 명이 포로로 잡혔어. 양적으로 질적으로 절대적 열세였던 베트남이 프랑스라는 강대국을 상대로 마침내 승리를 이룬 역사적인 순간을 맞이한 거야!

싸울 기력을 완전히 잃은 프랑스는 협상으로 돌아섰어. 제네바에서 열린 평화 회담에서 프랑스는 베트남의 독립을 인정하겠다고 했지만 그러고서도 조건을 내놓았어. 그 조건이란 '북위 17도선을 휴전선으로 하여 베트남이 북부와 남부로 임시로 나뉘며, 앞으로 300일 안에 남베트남과 북베트남 전 지역에서 총선거를 치러 통일 정부를 세운다.'는 것이었어. 호찌민과 베트민은 이 제안을 받아들였지.

호찌민 정부는 일시적으로 분단이 되긴 하지만, 총선거를 통해 통일 정부를 세울 수 있을 거라고 믿은 거야. 한편으론 8년 동안 벌인 긴 전쟁으로 사실 베트민도 힘이 많이 빠져 있었거든. 그래서 일단 평화 협정을 맺고 선거를 통해 평화적으로 통일을 이루면 된다고 생각했던 거야. 이로써, 패배한 프랑스는 베트남을 떠나. 베트남을 재침략한 지 8년 만에 무릎을 꿇고 도망치듯 빠져나갔지. 우리는 드디어 승리자가 되었어. 그것도 우리의 힘으로 말이지!

호찌민은 북베트남의 위대한 지도자가 되었어. 하지만 우리는 그분을 '각하'라고 부르지 않아. 그분은 우리에게 있어 영원한 '호 아저씨'야. 위대한 정치가라기보다는 이웃집 아저씨처럼 베트남 인민을 사랑한 그분께, 우리도 애정을 담아 호 아저씨라고 부르는 거지. 베트남의 최고 통치자였지만 언제나 낡은 외투와 고무 슬리퍼를 신고 다니며 검소한 생활을 한 호찌민은 우리의 영원한 호 아저씨야. 호찌민은 대통령이 되고도 하노이의 바 딘 광장 근처 주석궁 내부에 있는 오두막에서 그대로 살았어. 전쟁 끝이라 아직 가난하고 힘들었던 인민들이 있는데, 자신만 안락하게 살 수 없다며 말이지. 몇 평 되지 않는 두 개의 작은 오두막에서 호찌민은 일을 하고 살기도 했어. 모든 게 약속대로 이행되었다면 호 아저씨는 베트남의 통일을 보

호찌민의 집무실. 호숫가 근처의 검소한 2층 목조 주택이 한 나라의 대통령이 근무하는 집무실이었다.

우리의 영원한 호 아저씨

고 죽었겠지. 그러나 호 아저씨는 베트남의 진정한 통일을 보지 못하고 생을 마쳐. 베트남을 일시적으로 둘로 나눈다는 결정이 다시 커다란 비극을 불러일으킨 거야. 베트남 남부에 들어와 있던 또 다른 외국 세력이 벌써부터 베트남에 눈독을 들이고 있었던 것이지. 그것도 미국이라는 세계 최강대국이 말이야.

호 아저씨는 베트남이 다시 미국과 전쟁을 치르던 1969년 9월 2일에 심장 마비로 그 생을 마쳐. 호 아저씨가 죽은 날은 그가 베트남 민주공화국 수립을 선포한 9월 2일과 일치해. 그래서 이 날은 베트

호찌민의 시신은 방부 처리가 되어 유리관 속에 안치되어 있다. 베트남 정부에서는 베트남을 방문하는 관광객들이 꼭 이 묘에 참배해 줄 것을 권하지만, 유리관 속의 시신 등을 사진으로 찍는 것은 엄중하게 금지하고 있으며, 맨살을 드러내는 복장을 금하는 등 예의를 갖추도록 하고 있다. 호찌민 묘가 있는 바 딘 광장에서 기념 사진을 찍는 사람들.

남의 국경일로 지정되었어.

죽기 전 호 아저씨는 유언을 남겼어. 자신의 시신을 화장한 뒤, 베트남 북부, 중부, 남부에 한 줌씩 뿌려 줄 것을 당부했지. 그러나 그의 유언은 지켜지지 않았어.

베트남 정부는 하노이 시 바 딘 광장 앞에 묘를 짓고 호 아저씨의 시신을 안치하여 참배객들이 볼 수 있도록 했어. 요즘도 베트남 각지에서 수많은 사람들이 모여들어서 호찌민 묘지에 안장된 그를 추모하는 모습을 볼 수 있어.

한 손에는 책을, 다른 한 손으로는 아이를 안고 있는 호찌민 동상. 어린이들을 몹시 사랑했다고 하는 호찌민은 어린이들에게 늘 이렇게 말했다고 한다. "검소해야 한다, 배움을 존중해야 한다, 공부하고 관찰해야 한다, 오만과 자만을 피해야 한다, 관대해야 한다."

난 호 아저씨가 베트남 사람들에게 스스로에 대한 믿음과 상상력을 준 분이라고 생각해. 자신을 억압하는 것들과 싸워 나가기 위해 필요한 건 때때로 총이나 칼보다는 자유로운 세상을 꿈꾸는 일인 거 같거든. 호 아저씨는 베트남 사람들에게 독립과 자유에 대한 무한한 상상력을 준 아름다운 사람이야.

꿈을 잃지 않는 나라에서 온 우리 엄마에게

엄마, 호찌민 아저씨는 옥중에서도 매일매일 일기를 쓰고 시를 썼대요. 나는 일기 쓰기를 싫어해서 엄마한테 혼이 났는데, 호찌민 아저씨는 부지런했던가 봐요. 아니면 하고 싶은 말이 많았거나.

나도 일기를 빠트리지 않고 써야겠다고 생각했어요. 이 다짐을 위해 호 아저씨의 시 한 편을 엄마에게 보내겠어요.

엄마도 같이 읽어 주세요.

호찌민 아저씨가 진짜 존경스러워진 별이 올림.

〈내게 다짐한다〉

— 호찌민

한겨울 추위에 시달려

야윈 풍경이 없다면

다가올 봄의

따뜻한 햇살은 없으리라

시련은

나를 다잡아 단련시키고

나의 의지를

더욱 굳세게 만들 뿐이리

3

거인을 물리치고 미래로 향하는 베트남

프랑스에게서 독립을 하고도 남북으로 나뉘어 제대로
통일을 이루지 못했던 베트남은 불굴의 의지로
세계 최강의 나라를 물리칩니다. 그러나 그것은 몹시 고통스러운
싸움이었고, 그 고통은 아직도 남아 있습니다.
그리고 그 고통 속에 한국과의 불편한 그림자가 드리워져 있지요.
과거를 묻고 미래로 향하고자 하는 베트남은
뛰어난 경제 성장을 바탕으로 미래의
경제 대국으로 발돋움하고 있어요.
이미 수많은 결혼 이민으로 인연을 맺은
한국과 베트남이 사이좋게 서로 돕고 경쟁하며
세계 무대에서 만날 날도 멀지 않았습니다.

세계 최강대국 미국과의 전쟁

이곳이 어디냐고? 여기는 전쟁 기념 박물관이야. 베트남 호찌민 시에 오는 여행자들이라면 누구나 한 번은 꼭 들르는 곳이지. 박물관에 전시된 탱크와 전투기, 미사일은 전쟁 중에 실제로 사용했던 것들이야.

사실 난 이곳에 오면 좀 무서워. 너무 끔찍한 사진이며 자료들이 많아서 말이야. 미군들이 얼마나 잔인하게 베트남 사람들을 죽였는지 잘 볼 수 있는 곳이야. 미국은 왜 세계 곳곳에서 전쟁을 일으키는 걸까? 베트남에서 전쟁을 끝내고도 이라크, 아프가니스탄 등에서 계속 전쟁을 일으키고 있잖아. 그리고 그 전쟁 때문에 여러 나라가 휘말리고 말이야.

베트남은 역사상 유일하게 미국과 싸워 이긴 나라야. 하지만 그러기 위해서 너무나 많은 베트남 사람들이 죽어야 했어. 살아남은 사람들 또한 죽는 것만큼이나 큰 고통을 겪었고 말이야. 그런데 왜 베트남 사람들은 그 수많은 고통을 치르고도 차라리 싸우는 편을 택했을까, 생각해 본 적 있니?

미국은 프랑스가 지원을 요청할 때부터 베트남에 관여하기 시작했어. 프랑스가 베트남과 싸울 때, 미국이 전쟁 비용의 90퍼센트를 지원했거든. 베트남은 프랑스·미국 연합국과 싸웠다고 해도 과언이 아니었어.

당시 미국은 제2차 세계 대전이 끝나면서 전 세계의 강대국으로 떠올랐어. 전쟁을 통해 군수 산업이 발전하고 경제가 급성장하면서 자본주의 세계의 강자가 되었지. 미국은 자본주의 국가로서, 사회주의 국가들을 경계했어. 제2차 세계 대전이 끝나면서 사회주의 국가인 러시아에 인접한 나라들이 차례로 사회주의 국가가 되겠다고 선언하며 전 세계의 절반 정도가 사회주의 국가가 되었거든. 미국은 그 여파가 자신들에게까지 밀려올 것을 염려했어. 그래서 당시 세계는 자본주의 국가 미국과 사회주의 국가 소련이 힘을 겨루며 대립하는 냉전의 시대가 되었지.

이미 이런 일을 겪었던 미국은, 베트남이 공산화가 되면 동남 아시아 전체가 공산화가 될 거라고 생각했어. 그리고 동남 아시아가 공산화가 되면 주변 국가인 인도와 오스트레일리아, 뉴질랜드까지도 차례차례 공산화가 될지도 모른다고 생각한 거야. 이를 '도미노 논리'라고 해. 서양 사람들이 즐기는 도미노 놀이에서 따온 말이야. 도미노 게임 알지? 직사각형의 도미노 패들을 한 줄로 세워 놓고 맨 앞의 것을 건드리면 그 다음 패들이 줄줄이 넘어지면서 맨 끝에 있는 패까지 쓰러지게 되는 게임. 그것처럼 베트남이 공산화가 되면 아시아 전체에 공산주의를 표방하는 정부가 들어설 거라고 우려했지.

사실 공산주의 정부가 들어서든 자본주의 정부가 들어서든, 그 나라의 일은 그 나라 사람들이 결정해서 할 일인데 강대국들은 늘 남의 나라까지 자신들의 마음대로 하려고 하는 게 문제인 거 같아.

어쨌든 미국은 남베트남에 철저한 반공주의자이자인 응오 딘 지엠 정권을 세워. 응오 딘 지엠과 호찌민은 같은 고등학교 동창이었대. 그런데 걸어간 길은

베트남이 전부 공산화가 되면 인도 및 오스트레일리아, 뉴질랜드 등까지 공산화가 되리라고 생각한 미국의 도미노 이론

정반대였지. 응오 딘 지엠은 프랑스가 베트남을 통치할 때도 프랑스 식민 정부의 장관으로 일했어. 호찌민이 독립 투쟁을 하는 동안 그는 제국주의에 협조했고, 이어서 또 미국이 원하는 정부의 대표가 된 거지. 미국은 고문단과 장교들을 남베트남으로 파견해 응오 딘 지엠 정권을 지원했어.

호찌민과 반대의 길을 걸은 응오 딘 지엠 남베트남 대통령

미국의 지원을 받아 권력을 쥔 지엠 정권이 맨 먼저 내린 중요한 결정은 '남북 총선거'를 거부하기로 한 것이었어. 왜냐하면 선거를 하면 질 게 뻔하다는 사실을 지엠 정권이나 미국이나 잘 알고 있었거든. 북베트남의 호찌민 정부는 토지 개혁을 해서 농사를 짓는 농민에게 땅을 나누어 주는 등 인민을 위한 정책을 시행하고 있었어. 그러니 호찌민 정부에 대한 지지가 날로 높아만 가고 있었지.

그에 비해 남베트남 정부는 미국의 원조를 등에 업고 부정부패를 일삼으면서 자기 사리사욕을 채우는 데 정신이 없었단다. 그것도 못마땅할 법한데, 응오 딘 지엠은 가톨릭 신자로서 불교를 탄압했어. 당시 남베트남에는 불교 신자가 90퍼센트가 넘었는데 막무가내로 불교를 탄압했으니, 이 또한 남베트남 사람들을 분노하게 하는 원인이 되었지.

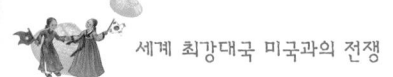
세계 최강대국 미국과의 전쟁

　게다가 호찌민 정부의 사람들이 대부분 프랑스와 싸웠던 독립 운동가들이었다면, 지엠 정부의 사람들은 대부분 식민지 시대에 프랑스나 일본에 협력했던 자들이었지. 프랑스와 일본 때문에 크나큰 고통을 겪었던 베트남 사람들이 호찌민 정부를 지지하고, 지엠 정권에 반대한 건 어쩌면 정말 당연한 일이 아니었을까?

　지엠 정부의 부정부패가 날이 갈수록 점점 심해지자, 이에 저항하는 사람들 또한 늘어났어. 이들은 '남베트남 민족 해방 전선(베트콩)'이라는 단체를 만들고 싸움을 시작해. 응오 딘 지엠의 독재에 항의하는 대규모 시위가 연일 열리고, 지엠 정권에 반대하는 승려가 소신 공양(자기 몸을 불에 태워 부처에게 바침)으로 목숨을 끊기도 했어. 이 장면은 사진과 영상으로 찍혀 서양에 보도되었고, 전 세계에 크나큰 충격을 불러일으켰지. 북베트남도 남베트남 민족 해방 전선을 지원했어.

　지엠 정권은 곤경에 빠졌지. 그들이 믿을 건 군대뿐이었어. 남베트남의 혼란이 계속되자, 응오 딘 지엠은 1962년 남베트남에 계엄령을 선포했어. 그런데 지엠은 그 군대에 의해 죽음을 당하고 말아. 부하 장군들이 쿠데타를 일으켜 지엠을 살해한 거야. 군사 정권이 들어서고 정치적인 혼란이 계속되었어. 지엠이 암살된 이후 4년간 무려 10여 차례나 쿠데타가 일어날 정도로 남베트남은 극심한 혼란에 빠져. 이러한 과정 속에서 1960년 초, 남베트남 민족 해방 전선은 남부 베트남의 많은 지역을 장악하기에 이르렀지.

항미 전쟁 또는 미국 전쟁

이런 사태에 놀란 미국은 직접 군사 개입을 하기로 결정해. 1964년 여름, 미국은 통킹 만 사건이라는 걸 발표하면서 북베트남에 선전 포고를 하지. 통킹 만 사건이란, 미해군 함정이 북베트남 북부의 통킹 만 앞바다를 순찰하던 중 북베트남 어뢰정의 공격을 받았다고 발표한 사건이야. 미국은 북베트남이 먼저 공격했고, 남베트남을 장악한 남베트남 민족 해방 전선을 응징하기 위해 북베트남을 폭격하겠다고 선언하지. 1965년의 일이야. 하지만 통킹 만 사건은 여러 가지 정황상, 미국이 일부러 북베트남 영토를 침범하면서 전쟁을 유도한 게 아닌가 하는 의심을 들게 해. 뒷날 이 해군 함정의 함장은 어뢰정을 확인하지 못했다고 증언했거든.

아무튼 베트남이 공산화가 되는 모습을 못 보겠다고 다짐한 미국과, 그런 미국을 맞아 나라의 자주 독립을 지키려는 베트남이 한판 전쟁을 벌이게 된 거야. 우리는 이 전쟁을 '항미 전쟁'이라고 불러. 미국에 대항해 싸운 전쟁이었다는 거지. 많은 나라들이 '베트남 전쟁' 또는 '제2차 인도차이나 전쟁'이라고 부르지만, 베트남 사람들은 항미 전쟁 또는 미국 전쟁이라고 불러. 미국과의 싸움이었거든.

세계 최강대국 미국과의 전쟁

우수한 무기를 앞세워 베트남을 공격하는 미국군의 모습
ⓒ연합뉴스

전쟁은 끔찍하기 그지없었어. 당시 미국은 세계 최강의 군사 강대국이기도 했어. 우수한 무기와 화력을 지닌 미국은 오랜 수탈과 전쟁에 지친 베트남에 비할 바가 아니었지. 그걸 증명이라도 하는 양 미국은 이 기간 동안 제2차 세계 대전 당시 연합국이 전 세계에 사용했던 것보다 1.5배나 많은 폭탄을 베트남 땅에 퍼부었어. 이건 일본 히로시마에 떨어뜨린 원자 폭탄 에너지의 450배에 해당되는 화력이었다고 해. 그리고 한국 전쟁 때 미국이 북한에 퍼부었던 폭탄의 25배에 해당하는 양이었다지. 미국은 그야말로 베트남의 전국토를 초토화시키려고 했어.

미국의 어떤 장관은 베트남을 석기 시대로 되돌려 놓겠다고 공공연하게 말했대.

도대체 한 나라가 다른 나라에 대해 이렇게까지 공격할 이유가 뭐가 있을까? 더군다나 베트남은 미국을 공격하지도 않았고 미국에게 어떠한 위협이나 협박도 하지 않았는데 말이야. 전쟁의 이유가 명확했다면 이해가 되겠지만 사실 미국은 베트남을 침략할 뚜렷한 명분도 없었어. 베트남이 공산화된다고 해서 그 주변 나라가 꼭 공산주의 체제를 택할 리가 없잖아? 또, 설혹 그렇다고 해도 그 나라에서 어떤 식으로 나라를 운영할지 결정하는 것은 그 나라 국민뿐일 텐데, 왜 다른 나라가 참견을 하는 걸까?

아무튼 수많은 미군들이 비행기와 배로 베트남에 들어와 수많은 사람들을 죽이고 대지를 불태우고 수백 년 동안 내려오던 문화 유산들을 파괴했지. 그러나 베트남도 당하고만 있지 않았어. 호찌민은 "미국의 야만적인 공격에 언제까지 버틸 수 있겠는가?"라는 어떤 기자의 질문에 다음과 같이 대답했어.

> 20년 혹은 100년이 될지도 모른다. 그러나 우리는 어떤 희생이 있더라도 끝내 이길 것이다.

북베트남 군대와 남베트남 민족 해방 전선은 국민들의 지지를 바탕으로 미국군과 싸워 나갔지. 프랑스 군대와 싸울 때 발휘되던 게릴라 전술은 또다시 힘을 발휘했어. 사람들은 북베트남에서 남베트남의 최남단까지 밀림과 땅 밑으로 터널을 만들어 북베트남 군대가 남베트남에 와서 싸울 수 있도록 했어. 왜냐하면 미국이 끊임없이 폭격

세계 최강대국 미국과의 전쟁

미국군과 싸울 준비에 여념이 없는 베트남 군사들 ⓒ연합뉴스

을 했기 때문에 땅 위로는 사람이 다닐 수가 없었거든. 북베트남 군대가 남베트남으로 내려오던 이 길을 '호찌민 루트'라고 불러. 그래, 프랑스와 싸울 때 쓰던 밀림 속 보급로가 다시 쓰이게 된 거야.

  수많은 사람들이 이 길 위에서 죽어 가. 베트남 사람들은 그야말로 남녀노소를 가리지 않고 이 싸움에 참여해. 군사력과 과학 기술 등 모든 면에서 우월한 미국이라는 거대한 적을 상대로 베트남 사람들은 자주와 독립, 민족해방을 위한 의지와 열정으로 싸워 나갔어. 최신식 군사 무기와 거대한 자본을 앞세운 미국에 맞서 10년이나 싸울 수 있었던 건 베트남 사람들의 정신력과 의지 덕분이었지.

전쟁을 시작하면서 45일 안에 베트남을 완전히 접수할 수 있다고 큰소리치던 미국은 점점 밀리기 시작했어. 그렇게 엄청난 병력과 우수한 무기를 가지고도 미국은 쉽게 북베트남을 꺾지 못했어. 미국은 북베트남과도 싸워야 했고, 남쪽의 남베트남 민족 해방 전선과도 싸워야 했어. 익숙한 지형을 이용한 게릴라전에 미국은 초조해지기 시작했어. 수세에 몰린 미국은 정말 단순하게 생각해 버렸지. 밀림이 무성해서 호찌민 루트를 구별하기 어렵다면, 밀림을 없애버리겠다고 생각한 거야.

그래서 생각해 낸 것이 고엽제를 무작위로 살포한 것이었지. 고엽제란 말 그대로 나뭇잎을 말라 죽게 하는 약이야. 베트남 사람들이 게릴라전을 할 때 밀림으로 곧잘 숨어 버리곤 하자, 아예 시야에 방해가 되는 밀림을 말리겠다는 생각으로 한 짓이야.

미국은 1964년 7월부터 1970년 10월까지, 무려 7년간 베트남 전 국토 면적의 18퍼센트에 달하는 지역에 약 4,500만 리터의 고엽제를 쏟아 부었지. 미국군은 이 작전을 '오렌지 작전'이라고 불렀는데, 이는 고엽제를 넣어 놓은 드럼통을 다른 통들과 구별하기 위해 오렌지색 페인트로 칠해 놓았기 때문에 그렇게 부른 거야.

그런데 이 고엽제에는 치명적인 독인 다이옥신이 들어 있었어. 다이옥신은 너무나 독성이 강해서 아주 적은 양으로도 인간은 물론이고 생태계를 파괴할 수 있어. 이것으로 하천이 오염되면 물고기가 죽

비행기로 고엽제를 살포하는 미국의 비행기들 ⓒ연합뉴스

고, 그 물고기를 먹으면 동물과 인간이 오염되는 무서운 약품이지. 더 무서운 것은 5년에서 10년 정도 잠복기를 거친 뒤에 각종 암과 피부병, 기형아 출산 등이 나타난다는 것이었어. 미국 또한 1969년 동물 실험을 통해 이 성분이 인체에 큰 독이 된다는 사실을 밝히고 미국 내에서 이 약제의 사용을 중지시켰어. 그런데 그런 무서운 맹독성 물질을 베트남에 뿌려 버린 거야. 고엽제가 떨어지는 장면을 본 사람들은 마치 아열대의 밀림에 눈이 내린 것처럼 흰 약품이 소복이 쌓였다고 해.

이 고엽제는 군인과 민간인을 구별하지 않고 베트남의 산천에 마구 뿌려졌기 때문에 더욱 많은 사람들이 피해를 당했어. 전쟁이 끝나고 20년이 지난 뒤에도 군인과 민간인을 합해 약 200만 명이 고엽제 후유증으로 고통받고 있다고 베트남 정부는 발표했어. 또한 30년이 지난 지금까지도 해마다 5만 명 이상의 기형아가 출산되고 있어. 아무 죄 없는 아이들이 손가락이 붙고, 엉덩이가 돌아가고, 사시가 되는 등 신체적·지적 장애를 안고 태어나는 거야. 전쟁은 끝났지만 고엽제 피해를 입은 사람들에게는 전쟁이 계속되고 있는 셈이지. 베트남에서 전쟁이 끝난 뒤, 국제 연합(UN)은 고엽제를 화학 무기로 보고 사용을 금지했어. 하지만 이미 때는 늦었지.

미국은 이렇게 베트남의 거의 전 국토에 무차별 폭격을 하고, 네이팜 탄을 쏟아붓고, 함포 사격, 탱크 중화기를 동원했어. 하지만 북베트남과 남베트남 민족 해방 전선의 사기는 꺾이지 않았어.

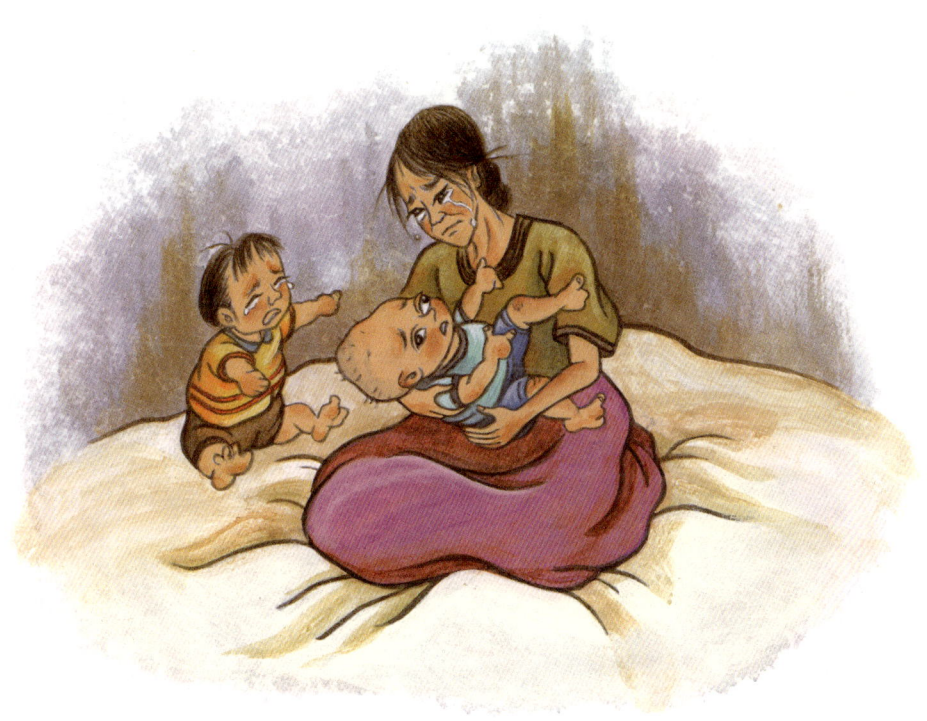

세계 최강대국 미국과의 전쟁

손미 마을의 피해자를 위한 위령탑

뉴욕에서 벌어진 베트남 반전 운동 ⓒ연합뉴스

초조해진 미군들은 남베트남 민족 해방 전선을 돕는다고 생각한 마을 전체의 민간인을 죽여 버리기도 했어. 이 비극은 손미라는 마을에서 일어났어. 미군이 비무장 민간인들 594명을 한꺼번에 죽였는데, 그들 대부분이 아이와 여자, 노인 들이었어. 이 참혹한 사건이 국제 사회에 알려지자 여론이 들끓었지. 그렇지 않아도 명분이 없어 미국이 괜히 베트남에 끼어들었다는 시각이 있었는데, 저항하지 않은 민간인들까지 학살했다는 소식이 알려지자, 전 세계의 비난이 쏟아진 거야.

이렇게 되자 미국 안에서도 전쟁을 반대하는 여론이 점점 높아졌어. 베트남 전쟁터에서 돌아온 병사들은 영웅 대접은커녕 사람들에게서 야유나 받기 일쑤였지. 전쟁을 반대하는 반전 운동의 물결이 미국은 물론 전 세계를 휩쓸었어.

'잘못된 전쟁을 집어치워라.' '우리는 평화를 원한다.'를 외치며 사람들은 미국이 베트남에서 물러날 것을 주장했어.

1968년에 남베트남 민족 해방 전선과 북베트남 군은 베트남의 명절인 떼 뜨(음력설)에 대공세를 펼쳤어. 이 공격의 성공으로 미군이 지키고 있던 남베트남의 수도 사이공(오늘날의 호찌민 시)마저 위태로워졌지. 떼 뜨 대공세 이후 미국은 드디어 자신들이 질지도 모른다고 생각했어.

비로소 미국은 '북위 20도선 북쪽으로는 폭격을 하지 않겠다.'고 한 걸음 물러서고는 협상을 제안했어. 서서히 발을 뺄 궁리를 한 거야. 그렇지만 평화 협상이 진행되는 동안에도 전투는 계속되었어. 미국은 협상에서 더 많은 것을 얻어 내기 위해 네이팜 탄과 고엽제로 베트남의 모든 숲과 들판을 불태우고 마을을 공격했어. 베트남을 압박해서 빨리 협상에 응하게 하기 위해서였지. 그러나 그런

종전을 선언하는 미국의 닉슨 대통령 ⓒ연합뉴스

세계 최강대국 미국과의 전쟁

베트남의 국기는 금성홍기라고 한다.
황금빛 노란 별의 5개 모서리는 노동자, 농민, 지식인, 청년, 군인의 단결을 나타내며, 붉은 바탕은 혁명의 피와 조국의 정신을 나타낸다.

짓은 미국이 오직 전쟁의 승리에만 집착했을 뿐, 베트남 사람들의 생명이나 인간의 존엄성 같은 건 생각하지 않았다는 것을 알려 주는 반증이었어.

오랜 협상 결과, 마침내 미군들은 철수하기 시작했고 1975년 4월 30일 전투는 끝이 났어. 미군은 도망치듯 베트남을 빠져나갔고, 북베트남 군대는 사이공 시내까지 내려왔지.

길고 긴 전쟁이, 드디어, 끝이 난 거야. 베트남 땅에서 20년 만에 전쟁이 멈춘 거지. 이어 남북 총선거를 거쳐 이듬해, 그러니까 1976년 7월 2일에 베트남 통일 국가가 세워졌어. 나라 이름은 베트남사회주의공화국, 수도는 하노이로 정해졌지. 빨간 바탕에 노란 별이 그려진 깃발이 공식적으로 베트남 국기가 된 것도 이때부터야.

오랜 전쟁이 끝나고 마침내 통일이 이루어졌지만 베트남 사람들에게 남아 있는 건 폐허가 된 들판과 슬픔이었어. 남북 베트남을 통틀어 200만 명 이상이 죽고, 그보다 더 많은 사람들이 팔과 다리를 잃거나 다치고, 병들었어. 전란 때문에 방치된 국토는 황폐해져 있었지.

미국이라는 최강대국을 물리치고 나라를 통일한 기쁨이 있었지만, 더불어 이 엄청난 희생에 대한 깊은 슬픔 때문에 베트남 사람들은 불타 버린 대지 위에서 눈물을 쏟았어.

거인과 싸우기를 주저하지 않은 나라에서 온 우리 엄마에게

엄마, 오늘은 구찌 터널에 갔었어요. 호찌민 시에서 북쪽으로 70킬로미터 떨어진 곳에 있었는데 남베트남 민족 해방 전선 병사들이 숨어 있던 은신처라고 해요. 터널 안은 굉장히 좁았어요. 그런데 그 좁은 터널이 구불구불 굉장히 오래 이어졌어요. 길을 잃으면 미아가 될 거 같아 히엔 오빠 뒤를 바짝 붙어서 갔어요.

구찌 터널이 처음 만들어진 건 프랑스 식민지 때였대요. 프랑스에 저항하던 베트남 사람들이 게릴라 활동을 위해 만들었는데, 이후 미군과 싸울 때도 이 터널을 사용했대요. 구찌 터널의 길이는 250킬로미터에 이르고, 깊이는 지하 3미터에서 8미터까지 있다고 해요. 터널의 통로는 세로 약 80센티미터, 가로 50센티미터로 매우

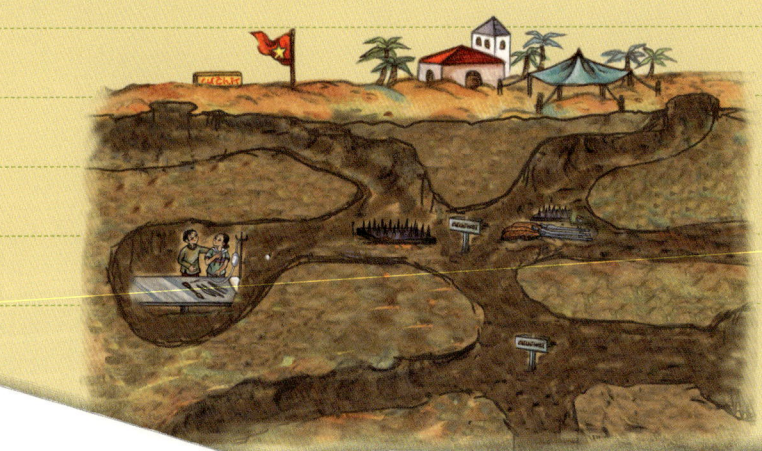

좁아서 베트남 사람들처럼 몸이 작은 사람들만 이동할 수 있었고 미군들처럼 덩치가 크면 아예 들어갈 수조차 없었다고 해요.

터널의 입구는 나뭇잎 등으로 정교하게 위장해서 쉽게 발견할 수 없었고, 심지어 터널 바로 위에 미군 기지가 있었을 정도래요. 나중에 터널이 발견되어 없애려고 했지만 몇 곳을 찾아 파괴하는 데 그치고 말았다고 해요. 워낙 입구가 많고 함정도 많아서, 잘못 들어가면 함정에 빠져서 죽을 수도 있으니까 미군들은 밖에서 총만 쏘았대요.

이 터널을 만들 때 베트남 사람들이 호미와 바구니만으로 팠다는 이야기를 듣고 깜짝 놀랐어요. 터널 안에는 병사들이 치료를 받던 수술대가 그대로 남아 있었어요. 만약 내가 게릴라 병사였다면 그 컴컴한 굴 안에서 무지막지하게 고생을 하고 있었겠죠.

으, 전쟁은 무섭고 끔찍해요. 다시는 전쟁이 일어나지 않았으면 좋겠어요.

베트남 전쟁을 알게 되니, 새삼 전쟁이 무서워진 별이 올림.

한국에 대한
아픈 기억

이것은 한국군에 대한 증오비야. 아마 너희들 중에는 베트남과 미국의 전쟁 사이에 한국군이 있었다는 사실을 모르는 친구들도 많을 거야. 하지만 전에 이장님이 말씀하신 것처럼, 베트남에 드리운 어두운 그림자 가운데 하나는 한국군이 남긴 것이기도 해. 너희들이 보고 있는 이 증오비에 바로 이런 글이 쓰여 있단다.

한국군은 이 작은 땅에 첫발을 내딛자마자 참혹하고 고통스런 일들을 저질렀다. 수천 명의 민간인을 학살하고 가옥과 무덤과 마을들을 모조리 불태웠다…… 1966년 12월 5일 정확히 새벽 5시…… 그들은 36명을 쭝 빈 폭탄 구덩이에 넣고 쏘아 죽였다. 다음 날인 12월 6

일 그들은 계속해서 꺼우안 푹 마을로 밀고 들어가 273명의 민간인을 모아 놓고…… 학살했다. 모두 참혹한 모습으로 죽었고 겨우 14명만이 살아남았다. 미제국주의와 한국 군대가 저지른 죄악을 우리는 영원토록 뼛속 깊이 새기고 인민들의 마음에 진동토록 할 것이다. 그들은 비단 민간인 학살뿐만 아니라 온갖 야만적인 수단들을 사용했다. 그들은 불도저를 갖고 들어와 모든 생태계를 말살했고 모든 집을 깨끗이 불태웠고 우리 조상들의 묘지까지 갈아엎었다. 견강불굴의 이 땅을 그들은 폭탄과 고엽제로 아무것도 남아 있지 않은 불모지로 만들었다.

베트남 중부에는 이런 증오비들이 곳곳에 있어. 전쟁이 끝난 뒤, 마을 사람들은 한국군이 저지른 일과 죽은 사람을 기억하고자 이 증오비를 만들었다고 해.

한국군에 대한 베트남 사람들의 기억은 그렇게 좋은 편이 아니야. 전쟁 중에 한국군들이 베트남 사람들을 많이 죽였던 것이 사실이거든. 그중에는 군인들도 있었지만 비무장 민간인들도 있었어. 그 당시 한국군은 미국의 요청에 따라 왔을 뿐인데, 왜

한국군 학살 위령비

한국에 대한 아픈 기억

그토록 잔인했을까. 한국과 베트남은 서로 원수를 진 일도 없고 서로 잘 알지도 못했는데 말이야.

더러운 전쟁

많은 사람들이 항미 전쟁을 '더러운 전쟁'이라고 불렀어. 사실 미국이 베트남에 와서 그렇게 오랫동안 전쟁을 할 이유가 없었거든. 전쟁이 심해질수록 전 세계 곳곳에서 이 전쟁을 반대하는 데모와 시위가 일어났어. 그토록 명분이 없는 전쟁이었던 거야.

처음, 몇 달 안에 전쟁을 끝낼 거라고 자신만만해하던 미국은 점점 전쟁이 치열해지자 세계 여러 나라들에게 같이 싸우자고 참전할 것을 요구해. 이건 요즘도 미국이 잘하는 일이야. 아프가니스탄이나 이라크를 침략할 때도, 한국을 비롯한 여러 나라에 군대를 파견해 줄 것을 요청했잖아. 베트남과의 전쟁 때도 미국은 25개 나라에 참전을 요청했고, 그중에 오스트레일리아, 뉴질랜드, 대만, 필리핀, 타이, 영국, 한국 7개 나라만이 이를 수락했어.

그나마 영국은 고작 6명, 그것도 의장대(경축 행사나 외국 사절에 대한 환영·환송 같은 의식을 치르는 군대)만을 파견하지. 거듭되는 미국의 요청을 무시할 수는 없었지만, 군대 파병에 대해 국민들의 반대가 심했던 터라 겨우 형식만 갖춘 거야. 다른 나라들 역시 전투 부대를 보내지는 않고 공병대(건물을 짓고 다리를 놓는 등 건설과 측량, 폭파 따위를 하는 군대) 같은 부대를 보내서 길을 닦거나 건설 공사를 돕게 했지. 그리고 그 숫자도 많지 않았어.

그런데 한국만 유일하게 전투 부대를 보내 왔어. 그것도 32만 명이라는 엄청난 수의 군인들을. 한국군은 베트남의 중부는 물론 당시 사이공 부근에서 베트남 사람들과 전투를 했고, 투이호아나 퀴논, 푸캇, 안케 등에는 아직도 한국군과 관련한 흔적들이 많이 남아 있어.

베트남과 한국은 1956년 5월 23일 수교를 해서 외교 관계가 있었어. 하지만 서로를 잘 알지는 못했던 거 같아. 요즘이야 컴퓨터를 켜고 인터넷에 접속만 하면 전 세계에서 일어나는 일을 한눈에 알 수 있지만, 그때는 해외여행도 자유롭지 못했고 인터넷도 없던 시절이었기 때문에 다른 나라에 대해 알 수 있는 기회가 거의 없었다고 해. 그러다 보니 당시 한국 군인들은 베트남이란 나라에 대해 잘 몰랐고, 이 전쟁에 대해서도 잘 이해하지

베트남 전에 참전하는 한국군 ⓒ연합뉴스

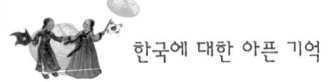
한국에 대한 아픈 기억

못했던 거 같아.

베트남 사람들도 마찬가지였어. 왜 같은 아시아 사람인 한국군이 베트남 땅에 와서 미국을 대신해 전쟁을 하는지 이해할 수 없었지. 베트남이 한국에 잘못한 게 아무것도 없는데, 왜 남의 나라 전쟁에 참여해 사람들을 죽이는가에 대해 이해할 수 없었고 그러다 보니 한국 군인들에 대해 증오가 생기는 건 당연했지.

그래, 너한테는 당황스러운 일일 거야. 너한테는 한국 사람의 피가 반, 베트남 사람의 피가 반 흐르고 있으니까. 하지만 당황하지 말고 찬찬히 두 나라의 역사를 잘 알아 두면 좋겠어. 그리고 그 슬픔이 결코 누구 한 나라의 탓이 아니라는 것도 말이야.

나는 이 일들이 전쟁 때문에 생긴 것으로 생각해. 전쟁은 사람에게 생각할 힘을 빼앗고 사람을 혼돈 속으로 빠뜨리는 것 같아. 가족이, 친구가 바로 옆에서 죽어 가고 자기 자신도 언제 죽을지도 모르는 상황이 되면 사람들은 적이라는 이유로 그 사람이 노인이든, 여자이든, 아이이든 가리지 않고 죽이게 되는 것 같아. 베트남에 온 한국군도 언제 자기 자신이 죽을지 모른다는 공포에 휩싸여 그런 일을 했다고 생각해. 그리고 그건 베트남 사람들 또한 마찬가지이고 말이야.

세상의 모든 전쟁에서 최대 희생자는 어린이라고 국제 기구들은 말한대. 1990년에서 2000년까지 10년 동안 세계에서 일어났던 크고 작은 전쟁들에서 200만 명의 어린이들이 사망하고 600만 명의 어린

폭탄을 맞아 불바다가 된 마을에서 탈출해 공포에 질려 도로 위를 달려가는 베트남 소녀의 모습은 전쟁의 참혹함과 당시의 절망적인 상황을 생생하게 보여 준다. 1973년 퓰리처 상 수상작. ⓒ연합뉴스

이들이 장애인이 되었대. 전쟁 속에서 많은 어린이들은 부모와 친척을 잃고 고아가 되거나 동생들을 돌보아야 하는 어린 가장으로 살아야 해. 오늘날에도 아프리카 같은 곳에서는 어린아이들을 끌고 가 소년 병사로 만들어 사람을 죽이게 한다는 이야기도 들었어. 전쟁은 참혹하기 그지없는 일임에 틀림없어.

그렇다면 이렇게 모든 사람에게 고통을 주는 전쟁은 도대체 왜 일어나는 걸까. 아직 어린 우리들이 짐작할 수 없는 여러 가지 복잡한 국제 정세들이 얽혀 있을 거야. 하지만 전쟁을 통해 이익을 얻는 사

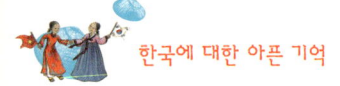
한국에 대한 아픈 기억

람들이 있기 때문일 거야. 전쟁이 나면 이익을 얻는 집단이 누구냐고?

우선 전쟁이 나면 엄청난 양의 폭탄과 무기들이 필요하니까 그런 걸 만들어 파는 군수 산업체들은 이익이 남겠지. 그리고 모든 사람들의 관심이 전쟁에 쏠리니까 그런 걸 이용하고 싶은 집단도 있을 것이고.

한국이 베트남 전쟁에 참여한 것도 당시 미국에서 한국에 원조를 약속했기 때문이라고 들었어. 그리고 그 원조를 바탕으로 안정적인 기반을 잡았다고 말이지. 미국의 원조를 받아 경제를 일으키고, 해외에 나갔던 경험을 토대로 해외 건설업에도 뛰어들고, 미국의 우방국이 되어 외교적인 호응도 이끌어내고 말이야.

아, 물론 미국이 한국 전쟁 때 참전해 남한을 도운 의리도 있었을 것이고, 베트남 전쟁에 참여한 덕에 오늘날 한국으로 성장할 수 있었으니, 어떻게 보면 전쟁으로 이익을 본 것일 거야. 하지만 그것이 정말 이

현충원에 잠든 베트남 참전 용사의 묘. 무사히 살아 돌아온 군인들도 고엽제와 전쟁 기억 등의 후유증 때문에 고통받는 이들이 많다. ⓒ연합뉴스

익을 본 것일까?

　한국군도 많은 피해를 입었어. 정든 고향을 떠나 무덥고 습기 찬 전혀 낯선 나라에 와서 싸워야 했지. 1만 명이 넘는 군인들이 전쟁을 하느라 죽고 부상당하고, 귀국을 해서도 고엽제 때문에 고생을 하는 사람들이 있다고 들었어. 뿐만 아니라 친구를 잃고 부상을 당하고, 무엇보다 적이라고는 하지만 다른 이의 생명을 잃게 한 경험을 한 사람에게 베트남은 결코 씻을 수 없는 상처일 거야.

　우리 베트남 사람들은 그렇게 생각해. 오늘날 우리가 수십 년 넘게 싸운 프랑스 사람들, 미국 사람들, 한국 사람들을 만나서 웃으며 인사하고 이야기할 수 있는 것은 그들도 전쟁이라는 특수한 상황 속에서 이성을 잃고 살기 위해 몸부림친 것이라고 생각하기 때문이야.

　한국군은 미군보다 빨리 1973년에 철수했지만 한국군이 이곳에 와서 했던 일은 베트남 사람들에겐 너무나 가슴 아픈 일이었어. 이후 베트남과 한국의 수교 관계는 끊어지고 모든 외교 관계가 단절되었단다.

상처를 보듬을 줄 아는 나라에서 온
우리 엄마에게

　엄마, 아주 슬픈 이야기를 들었어요. 히엔 오빠의 할머니가 사는 베트남 중부의 하미 마을, 팜 티 호아 할머니에게서요. 팜 티 호아 할머니는 두 다리가 모두 없어요. 전쟁 때 한국군이 와서 그랬대요. 할머니는 그때 딸과 아들도 잃었대요. 그때 딸이 내 나이만 했다고 말씀하시며 할머니는 내 머리를 쓰다듬고 손도 만지셨어요.

　할머니의 바지 밑으로는 살아 있는 사람의 부드러운 발이 아니라, 딱딱한 쇠로 만들어진 의족이 나와 있었어요. 의족을 한 다리가 좀 이상하고 무서웠지만 나는 가만히 있었어요. 왠지 그래야 할 거 같아서요. 이 마을에는 팜 티 호아 할머니 말고도 머리에 총알 자국이 있는 할머니도 있고, 다리가 없는 아주머니도 있어요.

　전쟁 때 한국군이 이 마을에서 사람들에게 많은 피해를 입혔다고 해요. 마음이 아팠어요. 그리고 미안하기도 했어요. 마을을 떠날 때 할머니는 바나나를 주셨어요. 오다가 뒤돌아보니 할머니는 나를 계속 바라보고 있었어요. 할머니는 오늘 밤 딸이 나오는 꿈을 꿀까요?

꿈속에서라도 할머니가 딸과 만나길 바라는, 별이 올림.

베트남 속의 한국, 한국 속의 베트남

별이랑 별이 친구들, 오늘은 한국 음식점에 가서 밥을 먹어 볼까. 매일 베트남 음식을 먹으니까 김치가 먹고 싶지 않아? 베트남 곳곳을 둘러보느라 힘든데 공부도 열심히 했다고 아빠가 한턱 내시기로 했어. 사실 내가 삼겹살이 먹고 싶어 조른 거긴 하지만 말이야.

아니, 뭘 그리 놀라나? 내가 삼겹살을 알고 있어서 깜짝 놀랐다고? 하하. 요즘 베트남에서 가장 인기 있는 한국 음식 메뉴가 바로 삼겹살이야. 호찌민 시에는 한국 음식점들이 꽤 많이 있어. 음식점뿐만 아니라 한국 사람이 하는 미장원도 있고 슈퍼마켓도 있어. 뿐만 아니라, 한국 드라마들도 인기가 높아. 한국 드라마가 방영되면 모두 집에서 텔레비전을 보느라 길거리가 온통 조용해질 정도야.

한류의 인기를 바탕으로 베트남 백화점에 입주한 한국 화장품 매장(왼쪽)과 슈퍼마켓에 쌓여 있는 한국 과자들

한국 드라마가 인기를 얻으면서 한국에 대한 인식이 좋아졌고 한국의 문화가 일종의 유행이 된 것이지. 그래서 한국 배우들이 광고에 등장하기도 하고, 한국 가수들이 콘서트를 열기도 해. 지금 베트남에는 한국 사람들이 약 10만 명 정도 살고 있대.

그렇지만 이렇게 된 건 최근 20년간의 일이야. 그전까지 한국과 베트남은 왕래가 없었어. 전쟁이 끝나면서 베트남은 한국, 미국과 외교를 단절하지. 그렇게 지독한 전쟁 뒤였으니 어쩌면 당연한 일일지도 몰라.

베트남과 한국이 다시 외교 관계를 맺은 것은 1992년이 되어서야. 한국군이 베트남에서 물러난 게 1973년이니까, 거의 20년 만에 다시

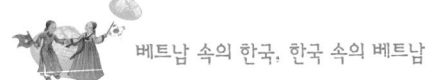
베트남 속의 한국, 한국 속의 베트남

외교 관계를 맺은 거지. 베트남이 과거의 적국과 다시 수교를 하는 건 '도이 모이'라는 개방, 개혁 정책을 실시하면서부터야.

전쟁이 끝나고도 베트남은 힘든 시기를 겪어야 했어. 전쟁으로 인해 모든 시설들이 파괴되고 자연도 황폐해졌지. 게다가 미국은 '금수 조치'라는 걸 해서 베트남을 고립시켜. 금수 조치란 한 나라에 대해 직접적이든 간접적이든 교역과 투자, 거래 등 모든 부분의 경제 교류를 중단하는 조치야. 영어로는 '엠바고(embargo)'라고도 하는데 어떤 특정한 나라를 경제적으로 고립시키기 위한 조치라고 할 수 있어. 미국처럼 전 세계 경제에 큰 영향을 끼치는 경제 대국이 금수 조치를 내리면 그 타격은 정말 어마어마해. 전쟁 때는 무기로 베트남을 초토화했던 미국이 이제는 경제 조치로 다시 베트남을 죽이려고 든 거지.

어쨌든 미국은 '대(對)적성국 교역법'에 의해 베트남을 적으로 규정하고 모든 교역을 중단했어. 미국이 금수 조치를 한 나라는 베트남뿐만이 아냐. 쿠바와 북한도 적국으로 분류해서 금수 조치를 취해. 미국의 금수 조치가 지속되면, 외국의 기업들도 그 나라들에 투자하기가 어려워져.

어쨌든 전쟁으로 인해 국내의 모든 자원이 피폐해진 상황에서 무역마저 할 수 없게 되자 베트남의 상황은 그야말로 최악이었어. 게다가 베트남은 또 두 번의 분쟁을 겪어.

미국과의 전쟁이 끝난 지 얼마 지나지 않은 1978년에 베트남은 캄보디아에 개입해. 당시 캄보디아는 크메르 루즈라는 정권이 들어서 공포 정치를 하고 있었는데, 베트남은 캄보디아 사람들을 구한다는 명분으로 캄보디아를 침공해 정권을 교체시켜. 하지만 이 전쟁 때문에 베트남은 국제적으로 고립되고 말지. 베트남을 지지했던 서구 유럽들과의 관계도 나빠졌고, 중국, 북한 같은 비동맹 국가들과의 관계도 안 좋아졌어. 서유럽 국가들은 베트남의 캄보디아 침략을 반대해 경제적으로 어느 정도 봉쇄했고, 베트남으로부터 수입하던 천연자원 또한 수입을 금지했지.

게다가 1979년에는 중국과 국경 전쟁도 치르게 돼. 베트남과 중국 국경에서는 몇 번 작은 무력 충돌이 벌어졌는데, 1979년 2월에는 중국군이 베트남 국경을 넘어 침공하면서 전쟁이 일어나. 베트남은 이 전쟁에서 이기긴 했지만, 그 뒤에 민중이 겪은 생활은 비참하기 이를 데 없었어. 계속되는 전쟁 때문에 경제가 파탄나기 직전이었거든. 전쟁보다 더 힘든 시기가 이때였다고 어르신들은 말씀하셔. 게다가 1988년에 사상 최대의 홍수까지 나면서, 기본적인 생계까지 어려워지는 상황이 발생했어.

이렇게 고통스러운 시간이 이어지자, 베트남은 이제까지의 정책을 바꾸기로 했어. 그전에는 정부가 나서서 계획적으로 생산과 분배를 하는 전형적인 사회주의 경제 방식을 따랐지만, 이제는 자본주의

베트남 속의 한국, 한국 속의 베트남

베트남은 빠르게 경제 성장을 이루어 가고 있다. 위에서부터 번화한 도시 풍경, 새롭게 올라가고 있는 아파트들, 부자들을 대상으로 한 신흥 주택가의 모습. 오늘날 베트남 곳곳이 공사 중이다.

식으로 개혁과 개방을 통해 산업을 일으키기로 한 거야. 그것을 '도이 모이 정책'이라고 해. 도이 모이란 베트남 말로 '새롭게 변하다, 혁신한다'라는 뜻이야.

다행히 개혁·개방 정책을 시작하면서 베트남의 경제는 서서히 기지개를 켜며 성장하기 시작해. 공산주의를 택한 베트남은 사회주의 경제 구조를 따라 토지와 건물 등이 모두 국가 재산이었어. 사유 재산이 없던 터라, 사람들은 경쟁적으로 일을 하려고 하지 않았고 그래서 발전이 없었거든. 처음으로 사회주의 국가가 된 구소련이 무너지고 만 것도 그 때문이었지. 그런데 여러 가지 형태로 개인 소유를 인정하자, 빠른 속도로 경제 발전이 이루어진 거야. 기업들도 시장 경제에 맡겨 운영하고, 농민들에게도 어느 정도 개인적인 재산을 인정하니까, 사람들은 열심히 노력해서 생산성을 늘려 나갔지.

도이 모이 정책을 편 이후, 삼모작을 할 수 있었으면서도 쌀을 수입했던 베트남은, 1989년부터는 자급자족이 가능했고 1993년에는 세계 3위, 2000년대부터는 2위의 쌀 수출국이 됐지. 쌀뿐만 아니라 원래 천연자원이 풍부한 나라인 만큼, 각종 지하자원과 농산물, 기호 식품 등을 본격적으로 수출하면서 경제 성장률도 크게 올라갔단다.

과거를 닫고 미래를 보자

도이 모이는 베트남의 외교 정책도 바꾸게 했어. 1992년에 한국과 다시 외교 관계를 맺었고, 1995년에는 미국과도 다시 외교 관계를 수립했어. 그 전해인 1994년에는 미국이 19년 동안의 무역 금수를 해제한다고 발표했어. 베트남이 도이 모이를 실시한 이후 경제 상황이 나아지고 시장이 커지자 미국도 투자하고 싶은 욕심이 났던 거지. 금수 조치가 베트남을 고립시키기도 하지만, 한편으론 미국 기업들의 발목을 잡는 역할도 했으니까 말이야.

이렇게 과거 적국이었던 나라들과 수교를 하며 베트남이 내세운 외교 정책이 '과거를 닫고 미래를 보자.'였어. 미국도 한국도 과거에 대해 베트남에 사과하지 않았지만, 일단 그 문제는 닫아 두기로 한 거지. 경제를 먼저 살리는 것이 급선무라고 판단했기 때문이야.

하지만 베트남이 전쟁의 기억을 다 잊은 건 아니야. 전쟁의 상처는 아직도 베트남 곳곳에 남아 있고 전쟁으로 몸과 마음을 다친 사람들은 여전히 그 아픔을 간직하고 살고 있어. 사실 미국과 한국은 전쟁으로 인해 돌이킬 수 없는 큰 상처를 입은 베트남 사람들에게 어떤 식으로든 사과해야 된다고 난 생각해.

다행히 이런 일을 하는 사람들도 있어. 한국의 어떤 시민 단체들은 전쟁으로 인해 피해를 입은 마을을 찾아 위령비를 함께 세우고 한국군에 의해 가족을 다 잃은 할머니의 집을 지어 주기도 한다는 기사가 베트남 신문에 나기도 해. 나는 그런 일들이 베트남과 한국 사람들이 진정한 친구가 될 수 있는 길이라고 생각해. 화해를 하려면 먼저 지난 일을 돌아보고 무슨 일이 있었는지 들여다봐야 하지 않겠니? 그래서 누군가 큰 상처를 입고 있으면 무엇보다 그 상처에 약을 바르고 붕대를 매야지. 아픈 과거를 잊지 말되, 서로를 호의와 예의로 자신의 마음을 전해야지.

그게 일을 하는 순서라고 생각해. 그렇지만 베트남 정부나 한국 정부는 그 일에 대해서는 언급하지 않고 다시 외교 관계를 맺었지. 베트남으로서는 경제 교류를 하는 게 급선무였고, 한국은 개방된 베트남 시장을 먼저 선점하는 데 관심이 있었으니까. 하지만 일본에게 일제 시대의 잔혹성에 대해 사과를 요구하는 한국 사람들이라면, 먼저 베트남 사람들에게도 사과할 줄 아는 용기가 필요하지 않을까?

어쨌든 '과거를 닫고 미래를 보자.'라는 이 정책 덕분에, 베트남과 한국은 다양한 분야에서 교류하고 있어. 1,500여 개의 한국 기업이 베트남에 진출해 있고, 약 30만 명의 베트남 사람들이 한국 회사에서 일하고 있지. 물론 쉽지만은 않았어. 한국 기업이 베트남 사람들의 기질이나 문화는 고려하지 않고 한국식으로만 일하려고 했기 때문에 많은 충돌이 있었다고 해. 하지만 시간이 지나면서 조금씩 나아지고 있다고 들었어.

이걸 보면 갈등과 오해는 서로에 대해 잘 모르기 때문에 생기는 일 같아. 서로를 잘 몰랐던 때에 한국 사람들은 베트남의 낮잠 자는

1994년, 베트남에 텔레비전 브라운관을 생산하는 한국 기업의 공장이 세워졌다. ⓒ연합뉴스

베트남 속의 한국, 한국 속의 베트남

베트남에 진출한 한국 기업들

풍습을 이해하지 못하고 베트남 사람들을 게으르다고 말했어. 베트남 사람들은 한국 사람들이 부지런하다기보다는 필요 이상으로 돈만 아는 사람들이라고 생각했지. 하지만 서로의 문화와 역사를 알면 그런 충돌은 점점 사라질 거야.

그래, 베트남이 가난했던 것은 사실이야. 오랜 전쟁을 겪은 탓에, 땅은 황폐해졌고 사람들도 많이 망가졌어. 미국의 금수 조치 때문에 경제를 살리기도 힘들었고 말이야.

하지만 너희들이 이곳에서 만난 베트남은 어떠니? 가난해도 열심히 사는 사람들, 전쟁의 황폐함 속에서도 다시 일어날 수 있는 사람들, 한때 적이었던 사람들에게까지 웃음을 주는 사람들이 아니니?

한국 사람들이 베트남에 오는 것만큼 많은 베트남 사람들도 한국으로 가. 취직을 하거나 공부를 하기 위해 가기도 하고 우리 이모처럼 결혼을 해서 가기도 하지. 나는 국경을 넘는 사람들은 대단한 용기를 가진 사람들이라고 생각해. 익숙하고 편안한 환경을 떠나 낯설고 물선 곳에서 다시 시작해야 하잖아. 말도 새로 배워야 하고 낯선 음식을 먹어야 하고 새로운 사람들과 친구가 되어야 하잖아. 그런 어려움에도 불구하고 국경을 넘는 사람들은 새로운 꿈에 도전하는 사람들 같아. 이미 주어진 것들을 과감하게 버리고 아무것도 없는 상태에서 다시 시작할 준비가 되어 있는 사람들만이 경계를 넘어 새로운 세상으로 갈 수 있어.

우리 이모도 그런 사람 가운데 한 사람이야. 이모가 이곳에서 베트남 사람과 결혼해서 살 수도 있었지만, 한국 이모부와 결혼을 한 것은 베트남을 떠나 다른 곳에서 다른 인생을 살아 보고 싶어서일 거야. 나는 그런 이모가 용감하고 도전 정신이 강한 사람이라고 생각해.

지금은 하이브리드 시대

이모가 결혼을 해서 한국으로 간 뒤 우리 가족들은 한국에 대해 관심을 갖게 되었어. 뉴스에서 한국 이야기만 나와도 귀를 쫑긋 세우고, 우연히 한국 사람을 만나면 이모라도 만난 듯 반가워해.

그런데 가끔은 아주 슬픈 소식들이 들려. 한국으로 일하러 간 사람이 손가락이 잘려 오기도 하고 결혼해서 간 사람이 병이 들어 돌아오기도 해. 한번은 일하러 갔던 베트남 여자가 한국 남자에 의해 죽

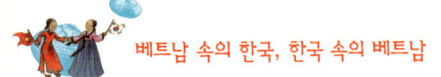

베트남 속의 한국, 한국 속의 베트남

었다는 뉴스가 나와서 우리 모두 가슴이 철렁했어.

 그런 날이면 외할머니는 며칠 동안 잠도 제대로 못 주무셔. 한국 사람들 중에 일부 사람들은 베트남 사람들을 가난한 나라에서 왔다고 무시하고 함부로 대하기도 하나 봐. 나는 한국 사람들이 베트남에 대해 잘 안다면, 그리고 베트남과 한국의 과거 역사를 잘 안다면 그런 일은 생기지 않을 거라고 생각해.

 그래서 난 이번에 한국에서 온 친구들이 참 반갑고 한편으로는 몹

시 소중하다고 생각해. 우리부터라도 서로를 알아간다면 앞으로 그런 일은 일어나지 않을 테니까 말이야.

그리고 별아, 이번에 미국 대통령이 된 오바마의 이야기를 들으며 난 너를 생각했어. 오바마도 흑인과 백인 사이에서 난 혼혈아였거든. 오바마의 아버지는 아프리카 케냐 사람이야. 장학금을 받아 미국으로 와서 공부하던 중에 백인 여자와 사랑하게 되었는데, 그녀가 바로 오바마의 어머니야. 오바마의 부모님이 결혼했던 1960년대는 미국 전체 주 가운데 절반 이상이 흑인과 백인의 결혼을 중죄로 규정하던 때였대. 흑인들을 데려와 노예로 부리던 시기가 있었던 만큼, 인종 차별의 관습이 어느 정도 남아 있었던 거야.

그래도 두 사람은 아랑곳하지 않고 결혼하고 오바마를 낳았지. 아버지가 다시 케냐로 돌아가면서 오바마의 부모님은 이혼을 했어. 그리고 어머니가 인도네시아 사람과 재혼을 했기 때문에 오바마는 인도네시아에서 열 살까지 살았대. 덕분에 아시아 국가들의 언어와 문화를 익힐 수 있었다고 해. 동생은 미국인과 인도네시아 인의 혼혈이고. 그러니까 오바마는 흑인과 백인의 피를 절반씩 나눠 받고 다인종, 다문화 가정에서 자란 셈이야. 다양한 피부색의 형제자매, 조카, 삼촌과 사촌 들이 3개 대륙에 흩어져 살고 있대. 온갖 문화가 뒤섞인 가정에서 오바마는 다양성을 인정하고 관용을 배우며 진정한 '코스모폴리탄(민족적 감정이나 편견을 초월한 견해를 가진 사람을 뜻하는

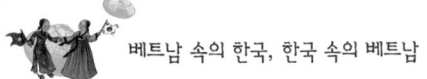

말'으로 자랐어. 그리고 사람들은 그런 경험들이 미국의 문제들을 해결할 거라고 믿고 기꺼이 그를 대통령으로 뽑았겠지.

하이브리드가 뭐냐고? '특정한 목표를 달성하기 위해 두 개 이상의 요소가 합친 것'을 말하는 한편, 생물학에서는 '잡종'이란 뜻이기도 해. 인터넷과 초고속 비행기를 비롯한 통신과 교통의 발달은 세상의 경계를 점점 흔들어 놓고 있어. 단순히 주변 사람만 아니라, 다른 종류의 사람과 문화를 만나게 하고 그 만남은 이전에는 없던 새로운 문화를 만들어 내고 있어. 이럴 때 하이브리드는 점점 복잡해지는 세상을 훨씬 더 유연하게 살아갈 수 있는 사람들인 거 같아. 몸 자체가 두 문화가 만나 이루어졌으니, 양쪽의 문화를 이해하고 표현하는 데 자유롭고 두 가지 언어를 익히는 데도 수월할 테니까 말이야.

별아, 나는 이모의 편지를 읽으며 네가 한국이라는 나라, 특히나 단일 민족이라는 걸 강조하는 나라에서 사는 게 참 힘들겠구나, 하는 생각이 들었어. 하지만 오바마가 흑백 혼혈이라는 인종적 편견을 딛고 오히려 다양한 인종과 문화적 경험을 바탕으로 미국이라는 거대한 나라의 대통령이 된 것처럼, 너도 너에게 주어진 여건들을 긍정적인 것으로 만들어 씩씩하게 살아갔으면 좋겠어. 너는 베트남 사람이면서 동시에 한국 사람이기도 하고, 두 역사와 문화가 만나 만들어 낸 전혀 또 다른 새로운 인류이기도 한 거야.

별아, 너와 나의 외할머니도 그래. 아침에 반 터에 향을 꽂으며 외할머니는 한 번도 빠지지 않고 너와 민짜오 이모가 한국에서 잘 살아가기를 기도하셔. 그러니 어렵고 힘들 때마다 기억해. 베트남에 너를 사랑하고 지원하는 외갓집 식구들이 있다는걸.

나는 인도네시아 아이, 하와이 아이, 흑인 아이, 백인 아이로 자라났다. 그래서 다양한 문화가 주는 양분의 혜택을 모두 받았다.

오바마가 한 이 말이 네가 살아가는 데 큰 힘이 되었으면 좋겠다. 물론 너뿐만 아니라 앞으로의 세상을 살아갈 우리가 명심하고 기억

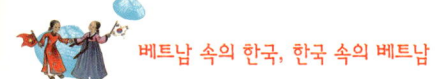
베트남 속의 한국, 한국 속의 베트남

해야 할 말이기도 하고 말이야. 왜냐하면 우리가 지금은 베트남과 한국에 살고 있지만, 언젠가는 독일이나 탄자니아 혹은 에스파냐나 아르헨티나 같은 곳에 가서 살 수도 있을 거야. 그러면 그때는 우리도 외국인이 되겠지. 그리고 그 나라 사람과 사랑에 빠져 결혼하고 아이를 낳으면, 우리의 아이도 하이브리드가 될 거니까 말이야.

한국과 베트남의 우호적인 미래를 위하여

자, 이 나무 그늘 아래서 좀 쉬자. 베트남 여행을 하느라고 힘들었지? 베트남에 대해서 거의 몰랐던 너희들이 베트남의 역사, 문화, 사회까지 두루두루 돌아보느라고 힘들었을 거야. 그래도 최근 베트남의 소식을 조금 더 말해 줄게.

오늘날 베트남은 높은 경제 성장률을 보이면서 세계의 주목을 받고 있어. 석유, 석탄 같은 천연자원이 풍부하고 우수한 인적 자원을 가지고 있어서 수십 년 내에 베트남이 새로운 경제 강국으로 등장할 것으로 세계는 보고 있지. 요즘 베트남은 도로, 항만, 주택, 상·하수도 등을 건설하느라 늘 공사 중이야. 오랜 고난을 이겨 낸 베트남이 이제 행복한 미래를 만들기 위해 노력 중인 거지. 그러기 위해선 아시아의 여러 나라들과 서로 돕고 연대해야 한다는 걸 잘 알고 있어. 그래서 한국을 비롯한 여러 나라들과 교류를 하고 서로의 역사와 문화를 이해하기 위한 노력을 하고 있고.

사실 베트남과 한국은 참 비슷한 게 많아. 중국이라는 나라를 옆에 두고 있었기 때문에 그 문화의 영향을 받은 것이나, 제국주의의 식민 통치를 받은 것, 그로 인해 남북으로 분단되었다가 전쟁이 벌어진 것, 조상에게 제사를 지내는 것, 쌀밥을 먹는 것, 설날이 되면 세배를 하는 것 등등. 참 비슷하지? 그렇지만 다른 점

베트남 국기 금성홍기와 한국의 태극기

도 있어. 베트남이 통일을 한 것에 비해 한국은 여전히 남과 북으로 나뉘어 있는 것, 겨울이 있고 눈이 내리는 것, 지하철이 있는 것, 이런 건 다른 거 같아.

이모도 처음 한국에 가서는 모든 것이 낯설었대. 하지만 가족과 이웃 들이 잘 도와줘서 이제는 잘 지내고 있대. 그렇다면 우리의 미래도, 앞으로 서로 돕고 아끼는 마음이 얼마나 성장할 수 있는가에 따라 달라지지 않을까?

한국의 친구들, 나와 함께 한 이번 여행이 별이의 외갓집 베트남에 대해 잘 알 수 있는 기회가 되었길 바라. 그리고 별이 같은 친구들을 이해하는 또 하나의 다리가 되길 바라고.

그럼 조심해서 잘 가. 다음에 또 만나자. 핸 깝 라이.

우리 히엔 오빠에게

나는 한국에 잘 돌아왔고 이제 개학도 해서 학교에 다니고 있어. 베트남에서 오빠를 만나서 참 기뻤어. 사실 나는 엄마가 베트남 사람이고 내 외갓집이 베트남인데도, 베트남이라는 나라에 대해서 너무 몰랐고 알려고도 하지 않았던 거 같아. 솔직히 말하면 때때로 엄마가 그냥 한국 사람이었으면 좋겠다는 생각을 한 적도 있어.

하지만 오빠와 함께 베트남을 여행하고 난 뒤, 난 내가 한국 사람이기도 하지만 베트남 사람이기도 한 것이 좋아졌어. 내 몸속에 베트남의 이야기와 한국의 이야기가 막 섞여 있는 느낌이 들어. 베트남의 역사와 한국의 역사가 만나서 내 몸을 이룬 거 같다고나 할까. 이제는 엄마와 아빠가 가끔 다투고 싸우는 것을 이해할 수 있을 거 같아. 서로 다른 두 문화가 만났으니 서로 이해하기 위해서는 약간의 고난이 필요한 걸 거야.

  그리고 이제 엄마를 좀 더 이해할 수 있어. 엄마가 먹었던 음식, 엄마가 입었던 옷, 엄마가 뛰어놀았던 들판과 강……. 엄마는 그런 것들하고 헤어져서 한국에 왔고 나를 낳았어. 보고 싶고 그리운 것들이 너무 많을 거 같아. 아직도 한국말이 서툴러 때때로 할머니한테 핀잔을 듣긴 하지만 엄마도 베트남 말은 너무너무 잘하잖아? 그리고 뜬금없는 소리 같지만 엄마와 아빠가 평화 속에서 만나서 참 다행이라는 생각도 들어.

  히엔 오빠, 엄마는 내가 베트남에 갔다 와서 어른스러워졌대. 난 요즘 베트남 어를 공부하고 있어. 엄마한테 하루에 1시간씩 꼬박꼬박 배우고 있어. 왜냐하면 오빠랑 더 잘 이야기를 하고 싶어서야. 그리고 내 친구들한테 좀 더 베트남에 대해서 잘 설명해 주려고 해. 베트남이라는 나라가 참 재미있고, 다정하고 멋진 사람들이 많다는 것도 내 친구들한테 이야기해 주려면 베트남 어로 된 책도 읽어야 할 거 같거든.

히엔 오빠, 베트남에서 먹었던 꼬마 바나나가 먹고 싶고 외할머니가 만들어 주신 짜 조도 먹고 싶어. 엄마의 나라에는 맛있는 것만큼이나 정다운 사람들도 많았어. 다음에 가면 오빠가 말했던 대로 메콩 델타 탐험도 가 보고 여러 소수 민족이 모여 사는 사파에도 가 보고 싶어. 요즘은 용돈도 꼬박꼬박 모으고 있어. 다시 한 번 베트남에 가려고 말이야. 엄마한텐 아직 얘기는 안 했지만 베트남 학교에서 1년 정도 교환 학생 같은 걸 해 보고 싶기도 해.

오빠도 방학이 되면 한국에 꼭 놀러 와. 그때는 내가 진짜 재미있게 한국의 곳곳을 안내해 줄게!

그럼 이만 총총…….

베트남이라는 멋진 외갓집을 가진 별이가.

흥미진진 세계 여러 나라 이야기
아픔을 딛고 미래로 향하는 나라 베트남 이야기

펴낸날 | 2009년 6월 20일 초판 1쇄
2018년 3월 2일 초판 14쇄

지은이 | 김현아
그린이 | 김고은

펴낸이 | 김영진
사업총괄 | 나경수
본부장 | 박현미
개발팀장 | 김정미   편집 관리 | 서정희
디자인팀장 | 박남희   디자인 관리 | 강륜아
사업실장 | 백주현
아동마케팅 | 최병화, 정재성, 전현주, 이강원, 정재욱
콘텐츠사업 | 민현기, 이효진, 김재호, 강소영, 정슬기
출판지원 | 이주연, 이형배, 양동욱, 강보라, 손성아, 윤나라

펴낸곳 | (주)미래엔
등   록 | 1950년 11월 1일 제 16-67호
주   소 | 서울시 서초구 신반포로 321
전화 | 미래엔 고객센터 1800-8890 팩스 541-8249
홈페이지 주소 | http://www.mirae-n.com

ⓒ 김현아 2009

ISBN 978-89-378-4522-2 74910

*책값은 뒤표지에 있습니다.
*파본은 구입처에서 교환해 드리며, 관련 법령에 따라 환불해 드립니다. 다만, 제품 훼손 시 환불이 불가능합니다.
저작권법에 의해 한국 내에서 보호를 받으므로 무단 전재나 복제를 금합니다.